L' ART ET LE BEAU

IGNACIO ZULOAGA

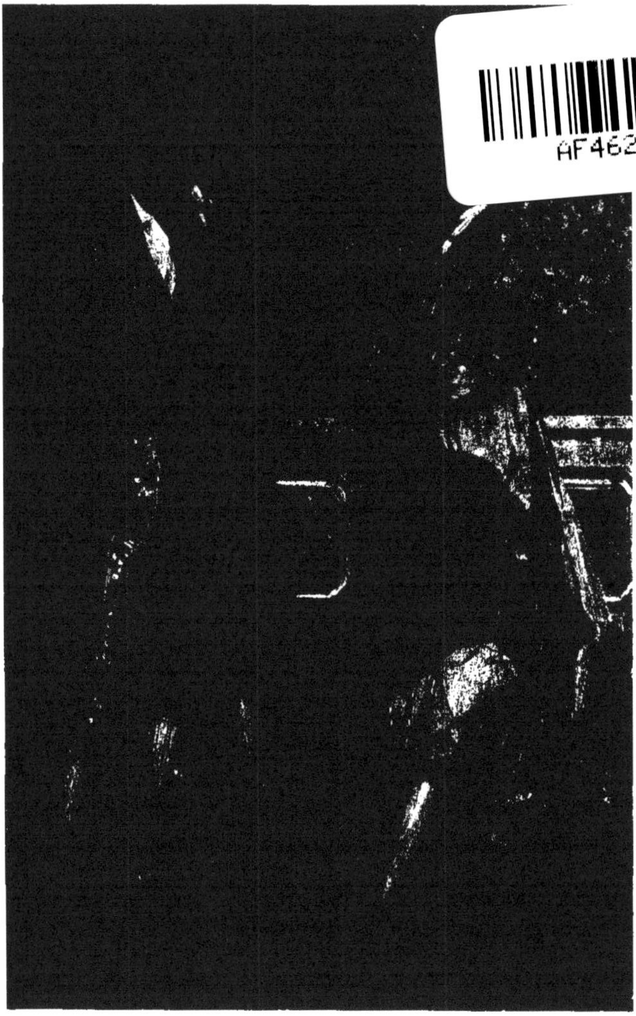

LIBRAIRIE ARTISTIQUE INTERNATIONALE
PARIS, 17. RUE BONAPARTE

L'ART ET LE BEAU
IGNACIO ZULOAGA

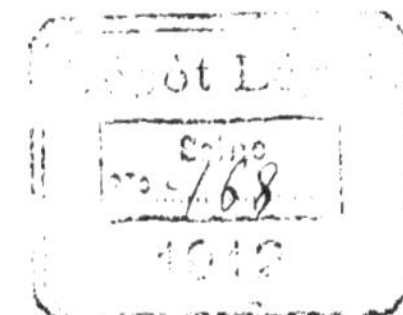

IGNACIO ZULOAGA

PAR LÉONCE BÉNÉDITE

51 ILLUSTRATIONS SUR PAPIER DE
GRAND LUXE ET UNE GRAVURE

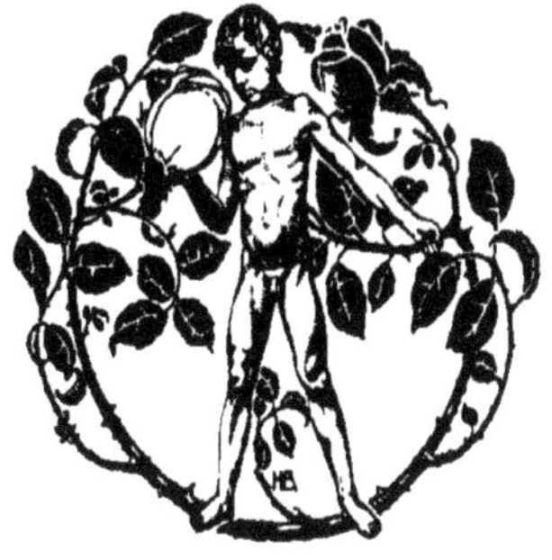

LIBRAIRIE ARTISTIQUE INTERNATIONALE
17, RUE BONAPARTE, PARIS

 — IMPRIMERIE DE LA LIBRAIRIE ARTISTIQUE INTERNATIONALE, PARIS

L'IMPRIMEUR-GÉRANT: C. KOERNER

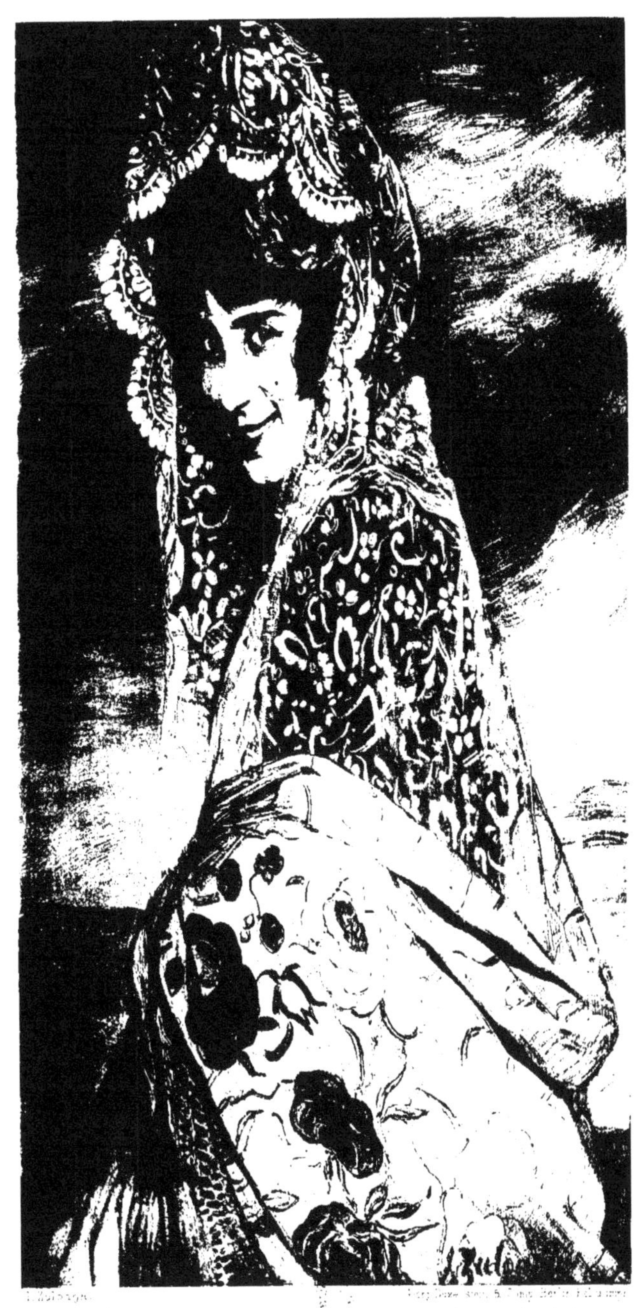

Espagnole Spanish Lady

Spanierin

On pouvait voir, en 1898, à l'Exposition de la Société Nationale des Beaux-Arts, qui était encore installée au palais des Arts Libéraux, Avenue de La Bourdonnais, un grand portrait en pied de jeune homme vêtu d'une sorte de costume de chasse, que les curieux ne manquaient pas de remarquer aussitôt pour sa belle tenue distinguée. C'était d'une tonalité peu commune, d'un éclat franc quoique discret et d'une peinture montrant je ne sais quoi d'aisé, de libre, de hardi, mais d'une hardiesse très sûre d'elle-même et pas du tout à effet pour étonner la galerie. La signature était d'un nom étranger, inconnu, bien que quelques uns prétendissent l'avoir déjà noté antérieurement. Quand on se reportait au catalogue, on trouvait, au numéro 1285, que l'auteur était un peintre espagnol répondant au beau nom sonore de Zuloaga y Zabaleta et que le tableau était son propre portrait.

Cette peinture offrait donc un double intérêt. En même temps que l'artiste, elle révélait l'homme et ce grand beau garçon au visage charmant, par l'expression franche et décidée de droiture, d'ingénuité et d'ardente jeunesse, s'imposait avec sympathie et s'annonçait comme un de ceux qu'on n'allait plus oublier.

Ces conjectures ne furent pas trompées. L'année suivante, sous ce simple titre: portraits, il exposait un groupe de personnages, deux jeunes filles accompagnées par un homme d'un certain âge, aux pieds duquel était assis un grand lévrier. On le connaît bien, ce tableau, il est devenu classique; car on peut l'admirer au Musée du Luxembourg pour lequel il fut acquis d'enthousiasme à ce Salon. Il produisit une sensation très vive et il fut, comme toute œuvre nouvelle et imprévue, passionnément loué et discuté. On n'avait rien vu encore de semblable, on essayait de définir cette peinture et d'en discerner les origines. Mais c'était chose très malaisée, tant les maîtres passés de qui elle pouvait relever étaient intimement assimilés par ce tempérament de même race et de même mentalité. C'était bien un Espagnol, du meilleur de ce qu'a pu produire l'âpre et rude terrain espagnol, un arrière-petit-fils très légitime, on le sentait, des Goya, des Velasquez, des Gréco, mais d'un autre temps tout de même, d'une génération très moderne qui a fait son profit des conquêtes de chaque école et des acquisitions de chaque idéal. On relevait, en effet, la subtilité de l'atmosphère dans laquelle se meuvent les personnages, la grâce délicate et si joliment maniérée de ces jeunes femmes rieuses et coquettes, le piquant de ces accords à la fois si sobres et si rares, d'une palette où chaque ton avait sa personnalité, où il n'y avait pas une nuance qui fût banale, jusqu'à ce noir des robes, ce noir indéfinissable, doux et chaud, mordoré, qu'aucun copiste, semble-t-il, ne saurait recomposer. Et les tons de chair, les tons de chair de ces jeunes visages, frais, vivants, mobiles et animés, cet épiderme ardent, ambré, rosé, qui perce sous la fine couche, bleue, blanche, lilas de la poudre. Et en même temps, quel beau travail simple, tranquille, sûr! Quelles belles

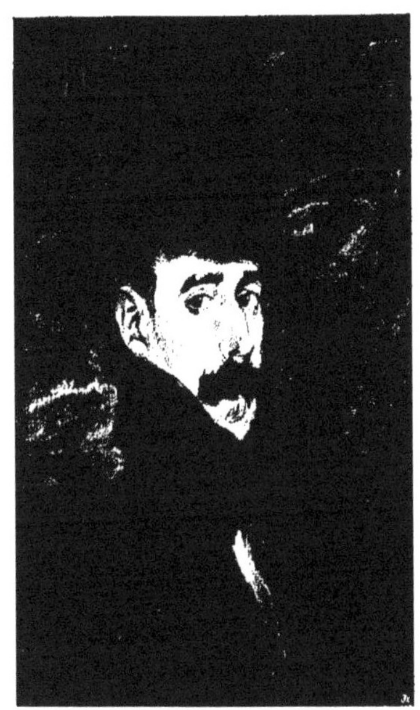

PORTRAIT DE L'ARTISTE
SELBSTBILDNIS
PORTRAIT OF THE ARTIST

Cliché Vizzavona

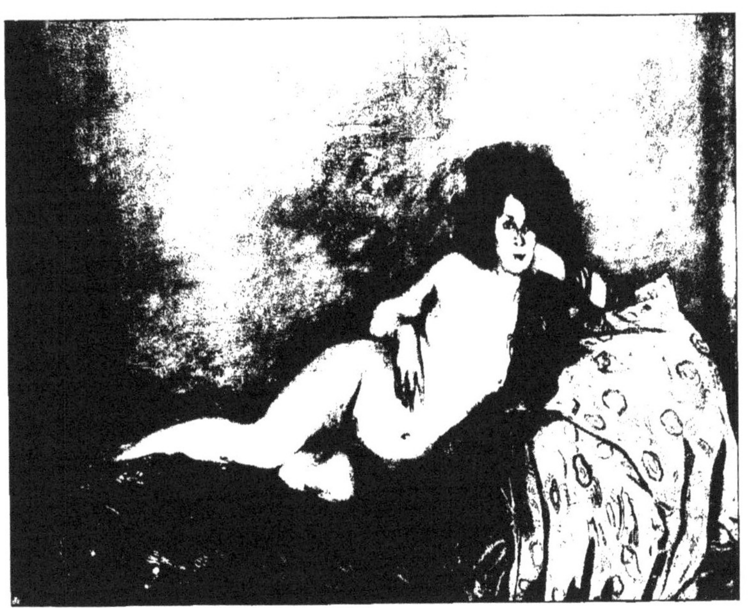

Cliché Vizzavona

IRÈNE IRENE IRENE

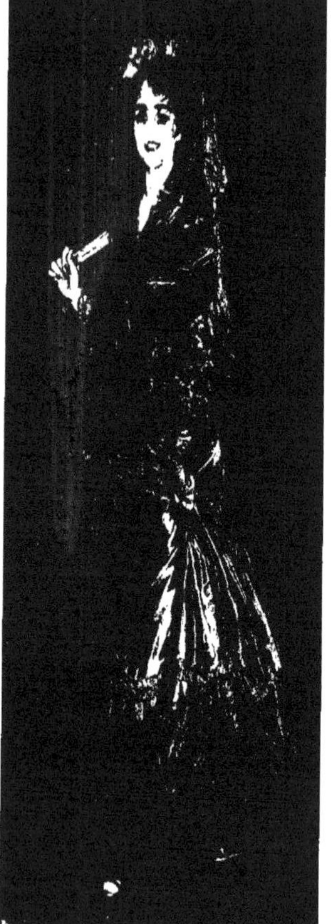

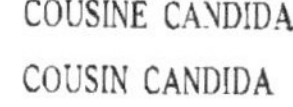

COUSINE CANDIDA
COUSIN CANDIDA

Cliché Vizzavona

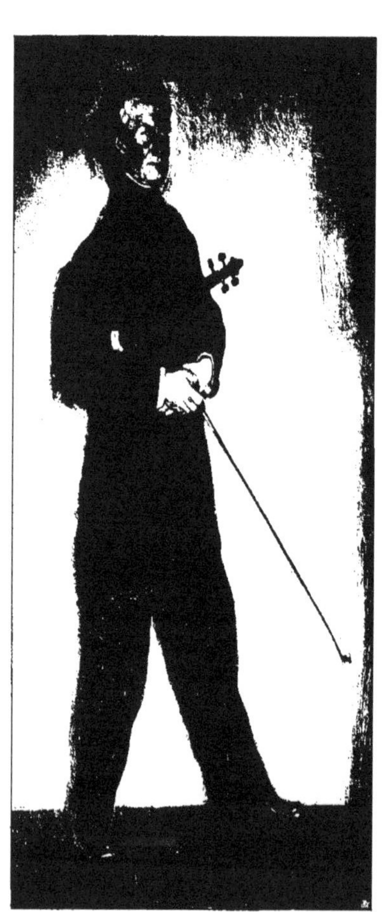

LE VIOLONISTE LARRAPIDIE
DER GEIGER LARRAPIDIE
THE VIOLIN-PLAYER LARRAPIDIE

Cliché Vizzavona

coulées de matière, étendues amoureusement en larges localisations, par une brosse alerte, intelligente, dédaigneuse des vaines parades, des vaillances artificielles et des exercices de bravoure! Ce fut une vraie joie pour les connaisseurs, on se délectait devant cette œuvre si loyalement originale. On ne cesse et on ne cessera de se délecter devant cette toile d'une si étrange et si complète séduction.

Du jour au lendemain Zuloaga était sorti de la foule. La célébrité allait commencer pour lui avec des succès consécutifs et, aussi, par ce qui est la meilleure marque du mérite, par l'envie et la proscription. Nul n'est prophète en son pays; le vieux dicton, hélas! tant de fois justifié, était confirmé une fois de plus à son endroit. Zuloaga, en effet, à l'Exposition universelle de 1900, fut écarté par le jury de la section espagnole; on prenait justement ombrage de cette grande personnalité naissante qui allait incarner les plus hautes qualités de l'art espagnol.

Qui était donc ce nouveau venu, d'où sortait-il? Voilà déjà ce que se demandaient avec intérêt les amateurs qui suivaient attentivement ses envois et pour lesquels du reste, il ne travaillait guère, ne recherchant alors pour clientèle que celle des musées, ce qui n'était pas fait pour l'enrichir. On apprit bientôt par les journaux et par les revues, qui commençaient à s'occuper de lui, quelques détails sur sa biographie. Cette biographie, il est nécessaire de la connaître, si l'on veut bien comprendre la formation de son œuvre.

Ignacio Zuloaga, qui joignait à ses débuts, suivant l'usage espagnol, à son nom paternel celui de sa mère: Zabaleta, est né le 26 juillet 1870, à Eibar, dans le Guipuzcoa, d'une vieille famille basque. Il est très fier, non sans raison de ses origines locales et ancestrales. Si, en effet, dans les siècles passés, toute l'impulsion artistique était partie du milieu et surtout du sud de la péninsule, de notre temps, c'est sur la ligne de la frontière septentrionale, en Catalogne et dans les provinces basques, que s'est porté le centre de l'activité intellectuelle.

Eibar est un gros bourg d'environ 4,000 habitants, non loin de St. Sébastien, sur la route de Zumarraga à Bilbao, sur un point élevé de la chaîne des Cantabres, dans une région extrêmement pittoresque, avec ses ravins, ses eaux jaillissantes, ses bois de châtaigners et ses champs de blé étagés en terrasses. C'est là que s'est formée toute la jeunesse de Zuloaga, au milieu d'une nature qui put développer sa sensibilité, bien que sans agir sur son imagination, mais dans une atmosphère d'art et de souvenirs qu'il respira comme l'air vital.

Toute une dynastie d'artistes, en effet, s'y était épanouie librement depuis deux siècles. A la fin du XVIIIe, on y trouve déjà don Blas de Zuloaga qui fut un armurier de renom, travailla beaucoup pour la cour et organisa l'Armeria de Madrid. Son fils, don Eusebio, le propre grand-père d'Ignacio, suivit la voie de son père et se distingua comme un artiste hors pair dans le travail du fer ciselé. C'est lui qui, le premier, remit en honneur le vieil art admirable de la damasquinerie. Il travailla, lui aussi, beaucoup pour la cour d'Espagne vit ses œuvres sollicitées par nombre de musées, et dirigea, à son tour, pendant plusieurs années l'Armeria de Madrid, où il fit preuve du même zèle intelligent que son père. Ce don Eusebio mériterait une mention toute spéciale dans l'histoire des artistes décorateurs, méconnus ou, du moins, tout à fait inconnus chez nous, de l'Espagne moderne. C'était une nature d'une curiosité ardente et d'une activité infatigable, vertus transmises à ses héritiers et notamment à son petit-fils. Il se passionna un jour pour la céramique et après avoir installé à Eibar l'aîné de ses fils, Placido, pour continuer son art de la damasquinerie, il partit pour la France, vint s'établir avec ses trois autres fils à Sèvres, et là, il leur fit suivre les travaux et les cours de la manufacture, afin qu'ils devinssent des céramistes accomplis.

Leur éducation terminée, don Eusebio retourna en Espagne avec ses fils. Il se fixa avec eux à Madrid où le gouvernement, intéressé par ses projets, lui céda des terrains dans la „moucha" pour y fonder une fabrique de céramique. Mais cette affaire ne leur causa que des mécomptes; ils dépensèrent des sommes considérables sans parvenir à attirer l'attention du public indifférent sur leur industrie; la manufacture dut être fermée et don Eusebio retourna à Eibar.

Des trois fils qu' Eusebio avait associés à cette entreprise, deux d'entre eux, German et Daniel, se portèrent alors vers la peinture décorative proprement dite; le succès couronna leur tentative, et ils eurent à exécuter de très importants travaux. Cependant German et un de ses autres frères, Guillermo, étant morts assez jeunes, il ne resta plus des quatre fils d'Eusebio que Placido et que Daniel qui, du reste, nous intéressent plus directement par rapport à notre artiste Ignacio Zuloaga.

Placido, en effet, est son père, et Daniel, son oncle, le plus jeune de la famille, est le seul survivant de ce groupe si intéressant d'artistes. Ce Daniel, nous le connaissons, car c'est lui que nous voyons, à droite, drapé dans son manteau, le lévrier à ses pieds, dans ces charmants portraits du Luxembourg qui ne sont autres que ceux de ses filles, les cousines d'Ignacio, choisies si souvent pour modèles. Il a repris l'industrie céramique vers laquelle son père l'avait primitivement dirigé et il a réussi, depuis, à s'imposer comme un artiste de mérite. Zuloaga ne montre pas, sans une légitime fierté, dans son atelier de Paris, les quelques échantillons qu'il possède de l'art de cet oncle, céramiste de savoir et de goût.

Quant à Placido, nous aurions le devoir de le mieux connaître en France. Pour ma part, j'ai eu l'honneur de l'approcher et je partageais, longtemps avant d'être devenu l'ami du fils, l'admiration profonde que celui-ci a gardée pour son père. J'avais pu juger, en effet, dès 1893, chez un amateur anglais, Mr. Morrison, qui s'était particulièrement attaché aux arts du métal, quel artiste hors

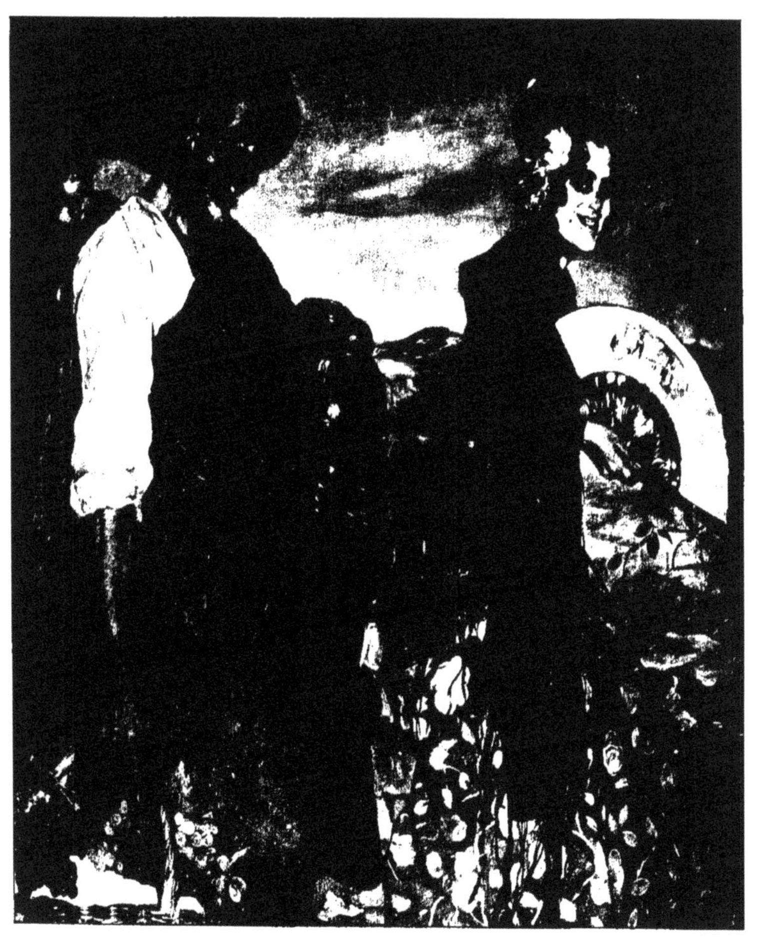

Cliché Vizzavona

LE MOT PIQUANT — DER PIKANTE SCHERZ — THE SPICY JOKE

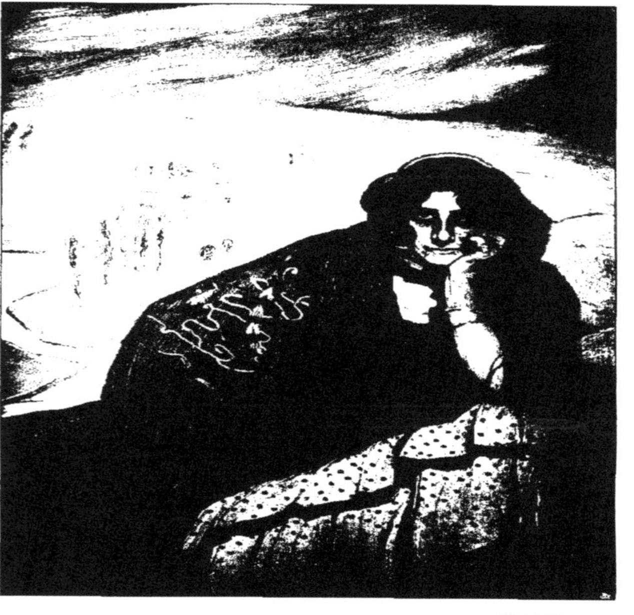

Cliché Vizzavona

LUCIENNE BRÉVAL DANS „CARMEN“
LUCIENNE BRÉVAL IN „CARMEN“
LUCIENNE BRÉVAL IN „CARMEN“

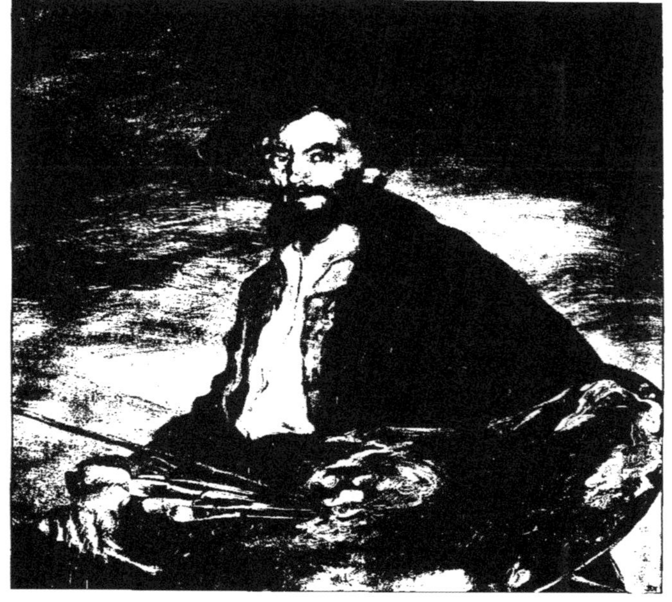

Cliché Vizzavona

LE PEINTRE PABLO DE URANGA (FRAGMENT)
DER MALER PABLO DE URANGA (FRAGMENT)
THE PAINTER PABLO DE URANGA (FRAGMENT)

ligne était Placido Zuloaga comme ferronnier et damasquineur. Il y avait là, conservées, je crois, par Mr. Morrison, des pièces tout à fait extraordinaires comme importance, comme exécution et comme esprit d'art. Le tout petit coffret que possède le Luxembourg de ce maître damasquineur, a été acquis à l'Exposition universelle de 1900 à titre plutôt de souvenir et d'indication, que pour donner une idée de la place occupée par Placido Zuloaga. On peut dire vraiment que ce fut un grand artiste et quand on écrira l'histoire des arts industriels en Espagne au XIXe siècle, Placido Zuloaga y sera marqué avec un rang tout à fait à part.

Placido était le fils aîné de don Eusebio et le fils de sa première femme, car le grand père d'Ignacio s'était marié quatre fois. Il fut, nous l'avons vu, particulièrement destiné à poursuivre les travaux héréditaires qui avaient illustré son père et son grand-père. Après avoir fait son premier apprentissage à Eibar, il fut envoyé à son tour à Paris. Là, il étudia sous la direction du sculpteur ornemaniste Paul Liénard, habile dessinateur et décorateur qu'on vit mêlé aux travaux de la fondation de l'Union Centrale des Beaux-Arts, à côté de Klagmann, et dont une œuvre même fut adoptée en 1866 comme modèle pour être distribuée en récompense aux industriels primés.

Placido vécut plusieurs années à Paris, poursuivant ses études de dessin et de sculpture, traitant de préférence les animaux, peut-être en raison des rapports qui existaient entre lui et Barye. Il s'était lié également avec Carpeaux. Après ce séjour à Paris, il se rendit à Dresde où l'attiraient les armures ciselées du musée. Puis il revint s'installer définitivement au pays natal, à Eibar, où il donna rapidement une impulsion considérable à son industrie artistique, en formant autour de lui toute une phalange de jeunes ouvriers. Placido Zuloaga est mort en 1910, à l'âge de 80 ans.

La maison de Placido Zuloaga avait pris un tel développement et ses succès étaient si encourageants qu'il voulut guider son fils Ignacio dans la même voie. Mais le jeune homme avait déjà choisi la sienne, il voulait être peintre. Cette vocation ne fut pas trop contrariée et ce fut le père qui fut le premier et peut-être le seul maître du fils.

Toute son enfance s'était écoulée au milieu de choses d'art, de préoccupations d'art, de travaux d'art. „Je n'ai jamais entendu parler chez moi que d'art," déclare-t-il. Toute la famille, nous l'avons vu, était vouée aux arts. Son père avait aussi des sœurs qui épousèrent des artistes et ses jeunes cousines suivent également cette tradition. Ils habitaient un vieux château du XVIe. siècle, acheté par Placido, où naquirent ses cinq enfants: deux garçons, l'un, notre artiste, un autre qui est devenu ingénieur et trois filles, et où ils vécurent entourés des collections d'antiquités que le père, qui a passé cette manie au fils, avait accumulées autour d'eux. Ignacio Zuloaga était donc, de bonne heure, saturé d'art. C'est merveille que cette éducation n'ait pas fait naître en lui le goût exclusif de la curiosité. Un tempérament moins vigoureux n'aurait pas résisté à ce qu'il y a souvent de délicieusement dissolvant pour une jeune volonté artistique dans la contemplation continue et raisonnée des belles choses du passé. Le développement de l'esprit critique paralyse l'essor des velléités originales et fait dévier la vocation vers l'érudition ou le dilettantisme. Si le plaisir délicat de collectionner est venu plus tard à Zuloaga comme une noble distraction à ses travaux et comme une manière plus directe de manifester son culte à ses maîtres de prédilection, le petit musée familial ne fit que précipiter ses dispositions ataviques.

Ses débuts furent, pourtant, assez pénibles. Il fit d'abord un peu de damasquinerie, pour obéir à son père, puis quelques études primaires de dessin et surtout de dessin ornemental. Constatant bientôt l'insuffisance des résultats, il supplia un beau jour son père de l'emmener à Rome. Il y vécut quelques mois sans intérêt et sans profit au milieu de la colonie espagnole établie dans la région à la suite de Fortuny. C'était en 1889; il avait alors dix-neuf ans.

Il vint ensuite à Paris et c'est là, il le reconnaît, que commença vraiment pour lui sa carrière. Il travailla, un peu comme tout le monde, dans quelque académie, à des travaux d'élèves, car il était encore tout à fait dans la période secondaire. Les dix années qui suivent sont chez lui un peu incohérentes et agitées. Il fit, entre temps, plusieurs voyages en Espagne, principalement en Andalousie, où il fut obligé, un jour, d'accepter une place de payeur dans les mines de la Sierra-Morena pour pouvoir vivre; mais il peignait toujours avec ardeur et grâce à de petites commandes, grâce, aussi, à l'appui que lui prêtèrent ses parents, il put exécuter quelques morceaux d'importance, tels que ceux que nous avons déjà signalés: son portrait, celui de ses cousines, du Luxembourg, et plusieurs autres qui se trouvent placés aujourd'hui en Allemagne.

Dès ce moment il est tiré d'affaire. Il se marie avec une jeune fille française, mademoiselle Dethomas, fille d'un membre du Parlement et sœur du dessinateur Maxime Dethomas, mariage qui semble consacrer, dans son affection reconnaissante, l'union de l'Espagne et de la France. Il partage, en effet, désormais son temps d'une manière à peu près égale entre Paris, siège de ses travaux, de ses affaires et de ses amitiés, et l'Espagne où il retrouve, avec les siens, tous les sujets chers à son inspiration, notamment dans cette province de la Vieille Castille, si pittoresquement espagnole encore par son paysage, ses aspects et ses mœurs, à Ségovie, où il a fixé son atelier, dans l'église désaffectée de San Juan de los Caballeros.

Les musées de Bruxelles, de Venise, de Berlin, d'Amérique suivront l'exemple du Luxembourg et il n'y aura bientôt plus une grande galerie publique qui n'aspire à posséder une œuvre de Zuloaga. Mais le premier Salon où il figura est celui de 1894 avec le Nain d'Eibar et le portrait de sa grand-mère. Quelques curieux,

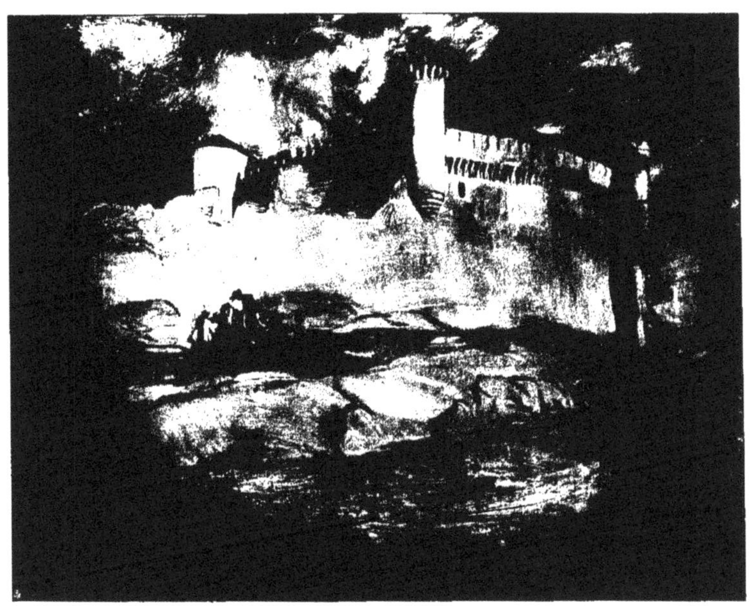

Cliché Vizzavona

LE CHÂTEAU DE CUELLAR DAS SCHLOSS CUELLAR THE CUELLAR CASTLE

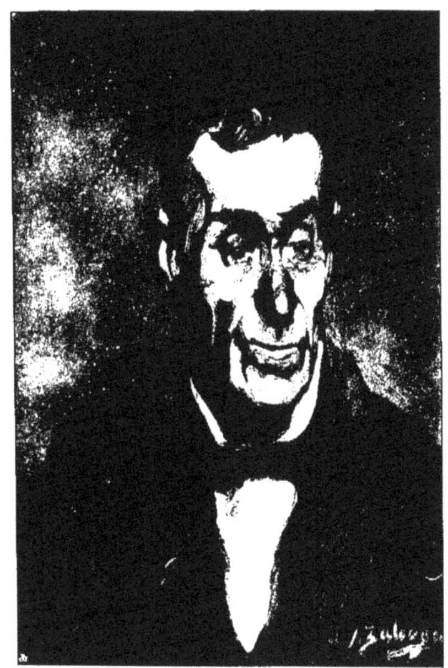

Cliché Vizzavona

LE VIEUX PHARMACIEN (ÉTUDE)
DER ALTE APOTHEKER (STUDIE)
THE OLD APOTHECARY (STUDY)

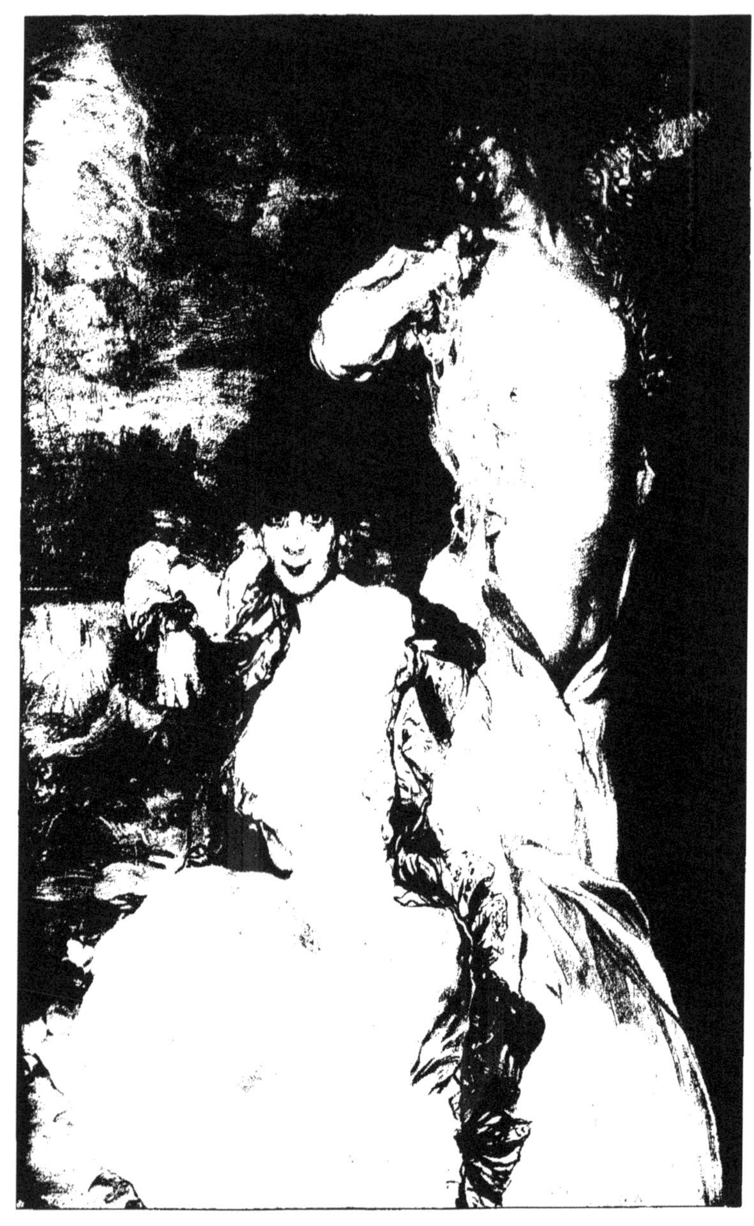

Cliché Vizzavona

LASSITUDE MÜDIGKEIT WEARINESS

cependant, avaient distingué les qualités natives de cet inconnu à l'occasion de certaines expositions privées qui étaient organisées 47, rue Le Peletier, dans la boutique d'un marchand de tableaux, Le Bare de Boutteville, décédé depuis longtemps. C'était là que se groupaient les jeunes indépendants, Néo-Impressionnistes et Symbolistes qui préparaient en programmes combatifs et en œuvres d'une belle saveur juvénile, où les audaces les plus subversives s'unissaient naturellement aux plus innocentes timidités, la révolution qui devait bouleverser le monde des arts. Zuloaga se trouvait là en bonne compagnie, avec Gauguin et Van Gogh, Signac, Toulouse-Lautrec et Wuillard, Emile Bernard et Maurice Denis, et peu après, Cottet auprès de qui il se sentira de plus étroites affinités. C'était en 1890 ou 1891. Je ne me souviens plus au juste et le catalogue de cette première exposition ne porte pas de date. Il exposait un Mendiant et un Boulevard extérieur. Sa peinture était tout à fait dans le sentiment de ce milieu néo-impressionniste, c'est-à-dire en notations délicates et subtiles. On trouve encore dans les recoins de son atelier des études de cette époque qui témoignent de cette première orientation, inévitable d'ailleurs et nécessaire chez tout artiste bien doué, vers les méthodes de l'analyse; telle une étude de femme à mi-corps, de profil à gauche, vêtue d'un peignoir à fleurs, qui est encore dans cette dérivation de Degas, qui a fait le talent si sensible de Wuillard. Mainte fois, on peut constater, d'une part, à cette époque d'incubation, l'influence singulière et profonde de Puvis de Chavannes, qui l'impressionna très vivement à ses débuts, et qu'il se plut à imiter, dans une décoration qu'il exécuta pour son pays. D'autre part, une étude de tête de vieille femme, datée celle-ci expressément de 1887 : tête sur fond gristrès transparent aux tons rosés et lilas du visage, d'une grande délicatesse fait penser Vélasquez, l'un de ses grands ancêtres nationaux, vers lesquels il se tournera plus tard si dévotement. C'est avec une copie du Gréco — qu'il goûta de fort bonne heure — il ne connut que plus tard la peinture de Goya, — le premier témoignage de son admiration pour ces maîtres, admiration qui ne fera que s'accentuer avec le temps. Sa religion, aujourd'hui, touche au fanatisme, et comme il a hérité de son père, je l'ai dit, la douce manie de collectionner, du jour où la fortune a commencé à lui sourire, il a drainé vers son église de Ségovie tous les Goya et les Gréco que son flair de connaisseur lui permettait de dénicher.

C'est évidemment le contact avec ces maîtres du passé qui révéla à Zuloaga sa véritable voie. Espagnol dans l'âme, il a au plus haut point la compréhension du génie de la race et il en perçoit comme nul autre les caractères essentiellement distinctifs.

C'est peut-être parce qu'il s'est mis à distance, parce qu'il vit en France une partie de l'année et qu'il retourne chaque fois chez lui avec des yeux tout neufs, des yeux toujours aussi amusés,

CARMEN LA GITANE
DIE ZIGEUNERIN CARMEN
CARMEN THE GIPSY

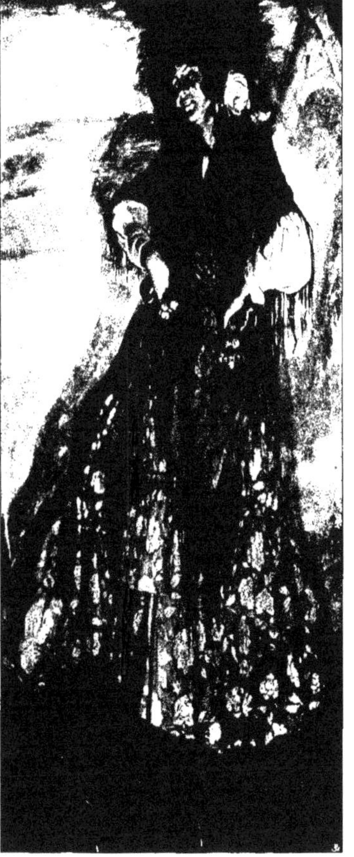

Cliché Vizzavona

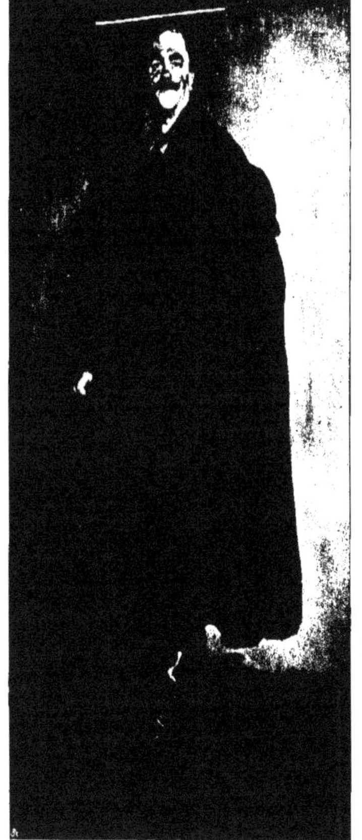

Cliché Vizzavona

BUFFALO LE CHANTEUR DE MONTMARTRE
BUFFALO DER MONTMARTRE-SÄNGER
BUFFALO THE MINSTREL OF MONTMARTRE

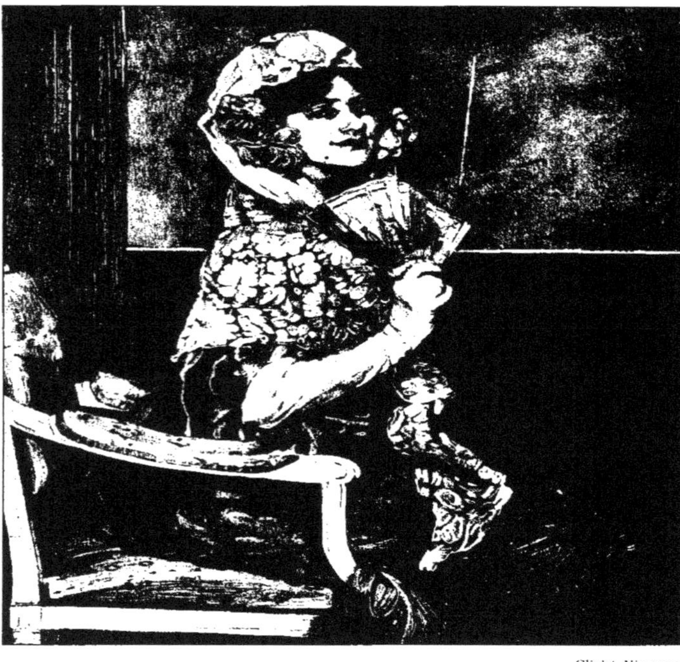

LA FEMME A L'ÉVENTAIL
DIE FRAU MIT DEM FÄCHER
THE LADY WITH THE FAN

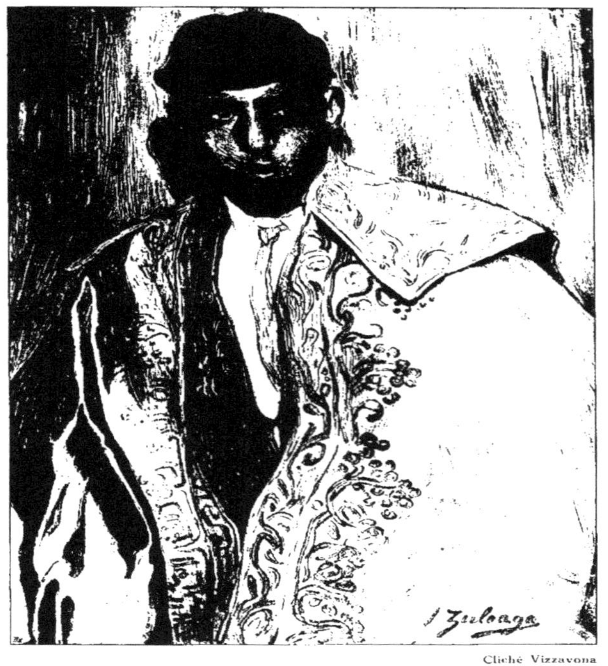

LE TORÉADOR EL TRIANERO
DER STIERKÄMPFER EL TRIANERO
EL TRIANERO THE TOREADOR

aussi intéressés, aussi émerveillés devant ces réalités dont il a été le seul en son pays, dans ces temps contemporains, à comprendre le spectacle extraordinaire. C'est peut-être aussi, parce que ces vieux maîtres si grands dont il allait reprendre la tradition, n'étaient plus même compris dans leur propre pays et n'étaient plus guère suivis que par des Français. Zuloaga faisait tache dans la production moderne espagnole.

Que représentait, en effet, cette école au moment où il apparaissait, un an après ce salon de 1899 qui le faisait subitement connaître, à cette exposition universelle de 1900, de laquelle, seul, il était exclu par le jury clairvoyant qui pressentait en ce nouveau venu un grand perturbateur de leurs vieilles et complaisantes routines. Cette école, qu'était-ce donc? Une poignée d'imitateurs lointains des jongleries prestigieuses de Fortuny, une petite troupe de professionnels furieusement habiles en leurs virtuosités papillotantes, indifférentes et exaspérantes, d'où émergeaient quelques très rares figures qui avaient relevé les niaiseries du genre par le pathétique de l'histoire. Tout au plus pouvait-on excepter Daniel Vierge, le maître illustrateur, fixé tout à fait à Paris.

Une réaction s'imposait donc en ce pays qui se réveillait avec des forces plus unies. Elle se produisit sous deux formes: l'une, qui s'appuyait sur la nature, l'autre, sur les maîtres.

La première fut conduite, quelques années avant l'apparition de Zuloaga, par Joachim Sorolla y Bastida, vers 1895, date du premier succès de cet artiste, grâce à l'achat, par l'Etat français, pour le Luxembourg, de son tableau des Barques de halage. C'était une réaction dans le sens naturaliste français, dans le courant d'études de plein-air produit à la suite de Bastien Lepage, courant qui s'étendit, par l'enseignement de nos académies, sur toute l'Europe. Sorolla se rattache donc à ce mouvement international d'étude objective de la nature et de ses phénomènes lumineux et atmosphériques, qui a créé en d'autres pays les personnalités de Zorn, de Kröyer et de Tito. Il y a, dans sa vision qui essaie de lutter avec la diversité, l'éclat et la puissance de la nature, un côté „instantané".

La réaction créée par Zuloaga est d'un caractère tout opposé et cela définit son esthétique. Il n'a pas cherché longtemps à lutter avec la nature pied à pied sur le terrain de l'imitation et de l'illusion. Il s'est vite rendu compte de tout ce que cette tentative a de vain et de décevant. On ne peut s'essayer avec la nature que sur le terrain de l'art, c'est-à-dire de l'interprétation. Comment espérer, avec les pauvres moyens qui sont à la disposition du peintre, de refaire exactement la nature? On peut tout au plus, justement par ce qui est le mystère de l'art, renouveler la sensation qu'elle nous a produite en résumant les points qui ont fait naître cette sensation. Les naturalistes ont rendu, sans doute, les plus grands services aux artistes en les obligeant à regarder plus attentivement le monde extérieur, à en discerner plus exactement les lois, mais leurs productions offrent toujours comme un aspect fragmentaire, je ne sais quel caractère particulier d'étude.

J'ignore si Zuloaga faisait alors toutes ces réflexions, mais, d'instinct, il a été à l'autre pôle. Avant toute chose il est peintre. Lui qui a traduit d'un pinceau si caressant toutes les grâces et les voluptés de la vie, il ne connaît vraiment de la vie, à côté du simple bonheur de la famille, que la joie éternelle de peindre. Il ne dédaigne pas la nature et il aime passionnément la vie, mais il ferait volontiers sienne la devise de Jules Dupré: „la nature, c'est le prétexte, l'art est le but". Le monde qu'il crée est loin d'être un monde imaginaire. Il est au contraire profondément réel, mais sa réalité se montre dans une sorte d'atmosphère supérieure qui est celle de l'art. Ne lui parlez pas de plein-air, il vous répondrait par le mot qu'il a pris à Degas que „l'air n'est bon qu'à respirer". Il affecte même dans sa palette une certaine horreur du bleu. On ne voit jamais de bleu sur lui, ni autour de lui, et quand il est obligé pour la vraisemblance d'en mettre dans les ciels de ses tableaux, s'il ne peut tourner la difficulté, il semble étaler rageusement la couleur avec une intensité féroce. Il cherche avant tout la vérité artistique qui n'est pas la même que l'exactitude de la science ou le vrai positif de la vie contingente. Il est tout ce qu'il y a de plus éloigné de la copie littérale. Enfin il y a pour lui le monde de la réalité et le monde de la peinture et le premier n'a été créé, selon toute évidence, que pour servir de prétexte au second. Voilà ce que le premier livre de la Bible a oublié de nous expliquer.

L'œuvre de Zuloaga repose, ainsi, tout entière sur la tradition, mais sur la grande et vraie tradition des maîtres, et son réalisme est d'ordre interprétatif et synthétique. Mais ce qui le distingue encore de son brillant émule, c'est que son art est essentiellement national. Il est le descendant légitime et direct des grands ancêtres espagnols. C'est lui qui a vraiment relié le présent au passé.

Après la première période des tâtonnements, c'est donc bien peut-être par la France qu'il fut ramené vers l'Espagne et vers ses maîtres. Alors que la langue des aïeux n'était plus ni parlée, ni entendue dans le pays, c'est en France qu'on en avait retrouvé la forte et savoureuse éloquence. Nombre d'artistes de notre école commencent à se diriger sur l'Espagne et à s'appuyer sur les Espagnols, à partir de 1848, depuis les premiers tirailleurs isolés tels que Dehodencq, qui, bien avant tous, sentit et traduisit l'étrangeté exotique de ce pays avec un large style expressif et une palette riche et sonore. Mais on peut remonter aux romantiques et jusqu'au plus grand romantique lui-même, à Delacroix, pour se rendre compte à quel point les intelligences sont ouvertes au sentiment de cette beauté violente, provocante et capiteuse de l'Espagne et à l'originalité si puissante de ses maîtres. Il n'est qu'à se rappeler le cri qu'il pousse en 1833, lorsque, au retour de

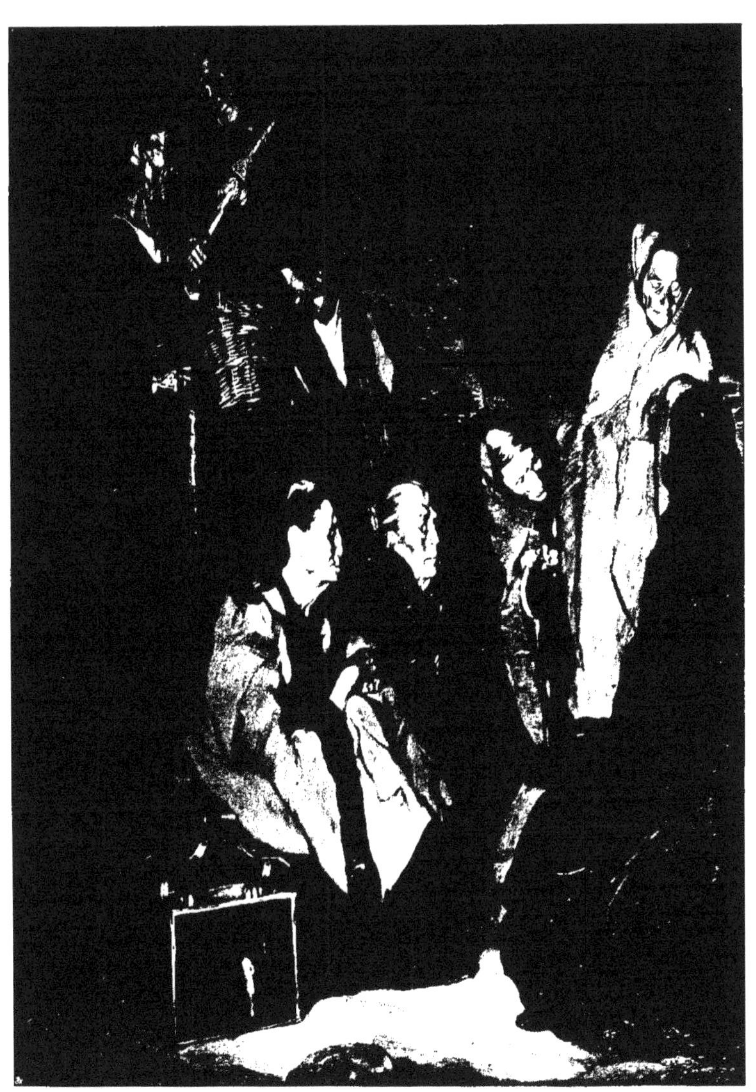

Cliché Vizzavona

LES SORCIÈRES DE SAN MILLAN (SEGOVIE)
DIE HEXEN VON SAN MILLAN (SEGOVIA)
THE SORCERESSES OF SAN MILLAN (SEGOVIA)

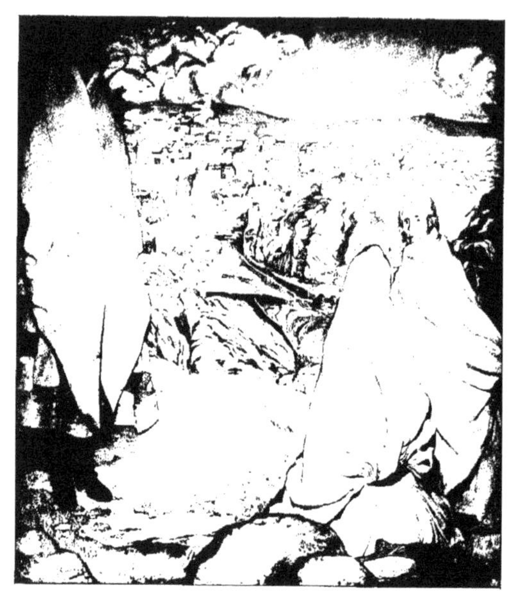

FEMMES DE SEPULVEDA WOMEN OF SEPULVEDA
FRAUEN VON SEPULVEDA

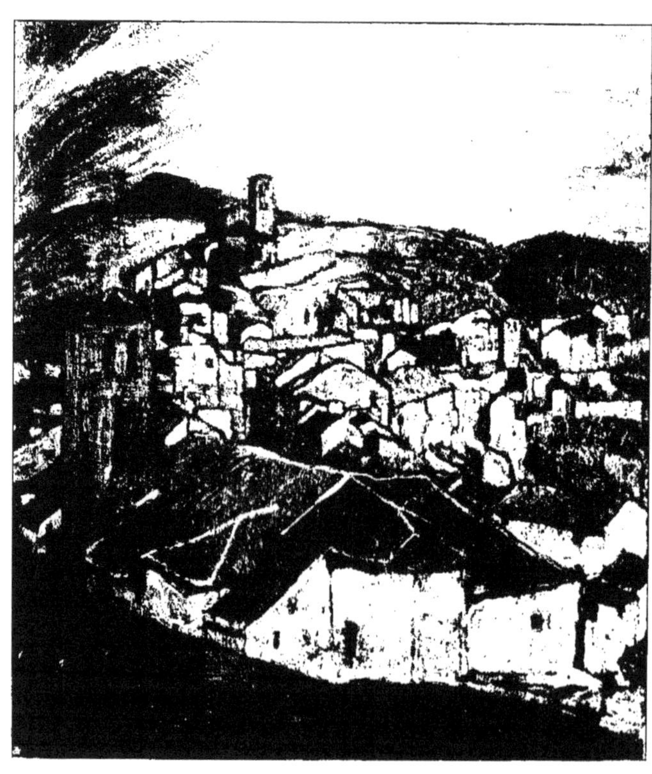

SEPULVEDA Cliché Vizzavona

son voyage au Maroc, il tenta une pointe en Espagne. Delacroix est la première imagination moderne qui, depuis Goya, ait ressenti cette forte secousse. Mais c'est par tous nos réalistes de la grande époque, nos réalistes de 1860, nos réalistes de la suite de Courbet, les Fautin, les Legras, les Ribot, les Carolus Duran, je dirais même les Whistler — puisque l'illustre Américain était alors tout à fait des nôtres — les Manet surtout, que la tradition espagnole fut reprise et revivifiée.

Zuloaga, à ses débuts, ne connut point ces maîtres, ou du moins il ne connut guère que Manet grâce au milieu auquel il fut mêlé. Trouva-t-il là, néanmoins, quelque stimulant? Toujours est-il que c'est en France qu'il fut compris dès l'abord et justement parce qu'il s'affirmait hautement comme un Espagnol de pure race.

L'œuvre, de Zuloaga en effet, à de rares exceptions près, est toute espagnole; espagnole par la manière, espagnole par les sujets, espagnole par la mentalité spéciale de l'artiste. Les sujets qu'il doit à Paris ne comprennent guère que des portraits. A la vérité, c'est un genre dans lequel il excelle. Il a toutes les qualités propres du portraitiste et son œuvre au fond, ne forme guère qu'une série de portraits. Ce ne sont pas assurément des portraits descriptifs, des portraits qui détaillent le personnage comme un compte-rendu analytique ou un procès-verbal d'huissier, mais des représentations qui deviennent typiques, parce qu'on y voit comme une condensation du personnage, un résumé de sa physionomie si concentré et si expressif que, en même temps qu'il définit l'homme, il qualifie ses habitudes professionnelles et son milieu. Il voit avec une sorte de grandissement, mais sans exagérations, ni déformations. Ce portrait de vous, c'est bien vous, mais avec quelque chose de suprêmement „vous". Ce n'est pas le „vous" concret, mobile, inconstant, changeant, contingent que nous connaissons, le „vous" qui est assis en face de nous et dont nous dénombrons les rides et additionnons les grains de beauté, mais le seul „vous" dont on se souvient, un „vous" un peu arbitraire quoique supérieur, un „vous" qui serait votre double, le „vous" enfin qui est destiné à l'éternité, dépouillé de tout ce qui n'intéresse pas votre individualité très précise. Aussi, ses portraits vous hantent et on ne les oublie plus.

Son pinceau, indifféremment, peut toucher à tous les modèles et dans tous les mondes. Ici, voici un personnage assis, sur un fond de tenture; il est en smoking et en escarpins vernis, un violoncelle entre les genoux, l'archet au repos dans les deux mains, un chien vivement retourné vers lui; à côté est un chevalet avec une partition ouverte. La lumière éclaire avec un éclat brusque, à gauche, cette silhouette élégante de virtuose ou d'amateur mondain. Là, projetant l'ombre de sa silhouette falote sur la muraille, c'est un musicien d'un tout autre genre, un „musicante", des tavernes montmartroises, fantoche ridicule et pitoyable en son accoutrement trop large dans lequel il semble

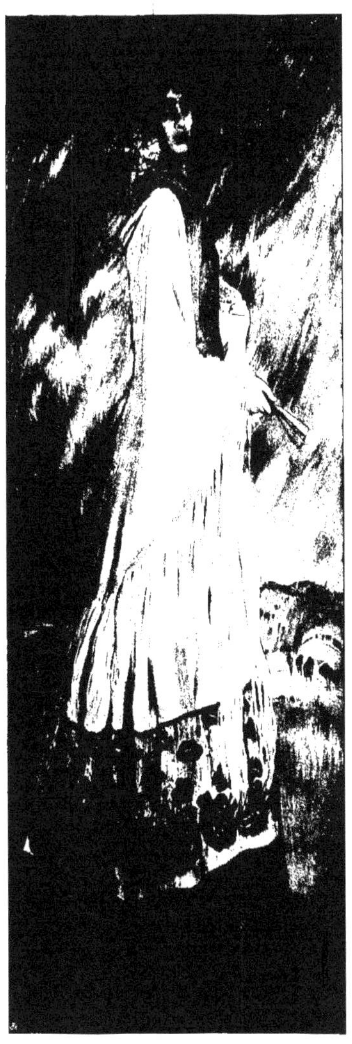

Cliché Vizzavona

COUSINE CANDIDA
COUSINE CANDIDA
COUSIN CANDIDA

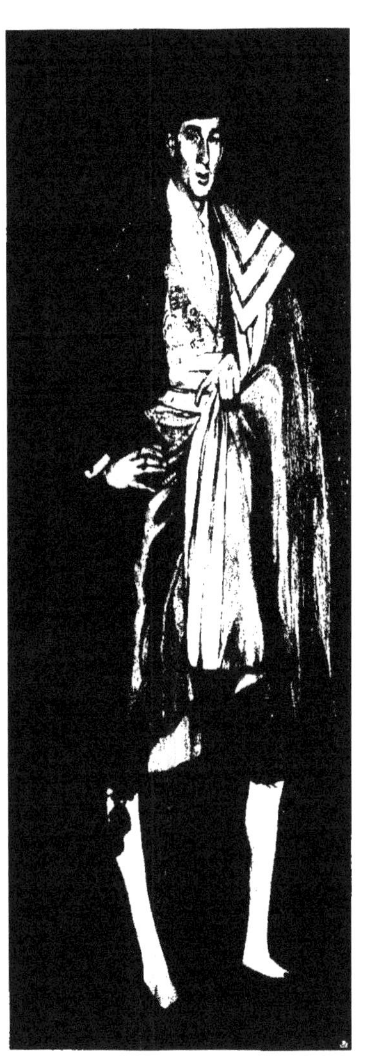

Cliché Vizzavona

PEPILLO LE MATADOR
DER MATADOR PEPILLO
PEPILLO THE MATADORE

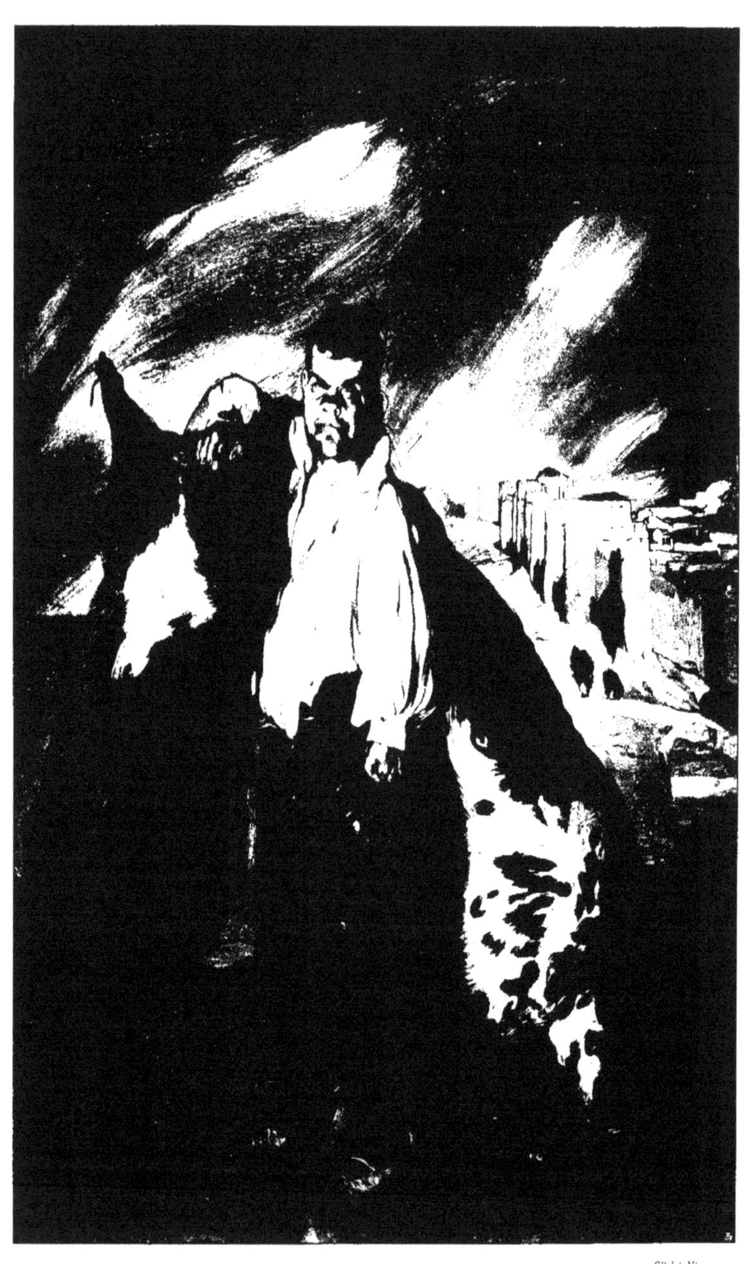

Cliché Vizzavona

GREGORIO EL BOTERO (VENDEUR D'OUTRES) GREGORIO EL BOTERO (THE LEATHER-BAG SELLER)

DER SCHLAUCHHÄNDLER GREGORIO EL BOTERO

perdu, produit triste et grotesque de la bohême inférieure, fier malgré tout de son instrument qu'il tient sous le bras par une vanité supérieure à toutes les vicissitudes de pauvre petit „M'as-tu vu".

Et maintenant, par contre, quel charmant portrait! et comme on sent bien que c'est un portrait, une figure bien déterminée, que vous ne connaissez pas, mais que vous allez connaître, et que vous n'oublierez plus et que vous reconnaîtrez entre mille. C'est une jeune femme encore dans la fraîcheur de l'âge et l'épanouissement de la beauté. Elle est debout sur un fond de paysage de rêve, décor imaginaire de masses d'arbres, d'eaux et de ciel. Elle est vêtue d'une toilette de soirée très élégante, corsage décolleté laissant voir de belles épaules arrondies et le haut d'une gorge pleine et satinée. Le boléro est décoré de riches passementeries et le bas de la jupe d'une triple frange de petits glands; sur ses bras, un manteau de velours garni de fourrures est drapé; dégageant le buste et faisant valoir la tête, ce joli visage aimable, heureux, dont le regard aux yeux brillants, plissés aux coins par le rire câlin et un peu moqueur accompagne l'expression charmante de la bouche, jeune, fraîche, aux dents humides, franchement ouverte. Comme c'est jeune, comme c'est vivant, comme c'est féminin, comme c'est bien dans son port, dans son allure, dans sa silhouette, dans sa grâce et dans son moindre signe, un être bien précis, et bien caractéristique de notre temps!

Citons encore un de ses portraits de Paris qui, celui-ci, nous ramène à l'Espagne: C'est celui de Mme. Lucienne Bréval. Zuloaga a été reconnaissant à cette belle artiste d'avoir voulu voir plus loin et plus haut que son public et aussi que les auteurs de Carmen. Il a façonné Bréval elle-même en vraie fille des flamencos de Séville, ou véritable Carmen du „barrio" de Triana. Puis, de cette physionomie caractéristique si bien épousée par la grande artiste, il a créé une figure typique de la Gitane, amoureuse, jalouse, vindicative, plus tragique certes, dans sa conception réaliste, que l'héroïne romantique de Bizet et même de Mérimée.

Nous voici donc à l'Espagne. C'est la source naturelle de toutes les inspirations de Zuloaga. On pourrait dire qu'il s'est plu à exalter l'Espagne comme Cottet ou Lucien Simon ont exalté la Bretagne, ou Dinet le peuple arabe. Mais chez lui ce n'est point par choix, par préméditation, par intérêt d'art seulement. Il n'a pas eu à s'acclimater. Il a peint l'Espagne par un instinct naturel, impérieux, il a fait ce qu'on pourrait appeler œuvre filiale. Il est espagnol jusque dans la moëlle, exclusivement, orgueilleusement superlativement. L'Espagne et la peinture, voilà ses deux grandes passions, le thème favori de ses entretiens accoutumés.

L'Espagne, telle qu'il la conçoit, ce n'est pas il est vrai, l'Espagne romantique, vue par les yeux intelligents de quelques Français spirituels, amusés ou mesurés par nature; l'Espagne des Nodier, des Musset ou des Théophile Gautier. L'Espagne de Zuloaga, c'est l'Espagne aux traits violemment accentués, aux oppositions brusques et tranchées, aux rapprochements imprévus; c'est l'Espagne avec ses mélanges de races et de civilisations, aboutissant à cet amalgame inégalement fusionné de la vieille Espagne catholique et guerrière, barbare et mystique, avec le passé musulman élégant et raffiné qui avait transformé en paradis cette terre ingrate et brûlée. Cette diversité d'origine, cette disparité de caractère est sensible entre les cités du nord et du centre, austères, vétustes, mornes, cuites et rissolées par un soleil de feu, sur leur roc dénudé, entre leurs remparts moroses et les villes méridionales blanches, claires, riantes, avec leurs alamedas et leurs paseos plantés de palmiers et de citronniers. Les unes évoquant le triste souvenir des luttes armées et des sauvageries de l'Inquisition, les autres, comme on l'a dit, rappelant et annonçant l'orient, éveillant des idées de boleros, de joleos, de ferias et de carnavals. C'est dans la partie supérieure de la péninsule cependant que l'Espagne est plus originale, plus locale, plus elle-même et c'est là aussi, dans ce petit cercle qui rayonne autour de la capitale, d'Avila à Salamanque et de Saragosse à Ségovie, et principalement dans cette dernière ville où il a fixé sa résidence habituelle, qu'opère Zuloaga. Il y trouve, à travers les rues étroites et tortueuses qui montent vers la Cathédrale et l'Alcazar, à l'ombre des antiques églises en de vieux palais fortifiés et jusque dans le faubourg populaire de San Lorenzo, la plupart de ses modèles de prédilection, au premier rang desquels il faut placer ses charmantes cousines qui se prêtent si complaisamment aux fantaisies de son pinceau. Il est reconnaissant du premier succès qu'il leur doit. Nous les avons admirées en 1899, nous les revoyons toujours jeunes et aussi jolies au Salon de 1905 et voici encore la cousine Candida qui s'avance, svelte, élégante, la pointe de son petit pied chaussé d'escarpins vernis en avant, dans une jupe à falbalas dont il semble qu'on entend le bruissement soyeux, une sorte de petit mantelet de velours et de dentelle, à peine posé sur les épaules, dégage tout à fait la gorge, et la mantille environne la tête d'une auréole de coquetterie piquante, avec ses fleurs habilement posées dans la chevelure brillante, cadre charmant pour ce charmant visage rieur aux yeux délicieusement troubles sous les longs cils, ces yeux qu'on voit seuls dans le visage avec la bouche spirituelle, gaie, sensuelle, aux dents éclatantes. C'est bien une exquise image de l'Espagnole de race.

La femme, du reste, comme il convient en ce pays dans les mœurs duquel elle tient une si grande place, la femme occupe le premier rang dans l'œuvre de Zuloaga. Jeune ou vieille, dans sa grâce irritante ou dans sa sauvage hideur, il se plaît à revenir constamment sur ce sujet dont l'intérêt ne s'épuise jamais. Il affectionne ces beautés aux yeux de braise ardente, qui semblent à eux seuls absorber toute la physionomie, ces visages pâles de maquillage où éclatent avec feu la lèvre pourpre sur l'émail des dents et les yeux luisants, nacrés, noyés, ombrés sous les longs cils veloutés. Il aime la jolie laideur de ces filles coquettes, provocantes, le nœud de

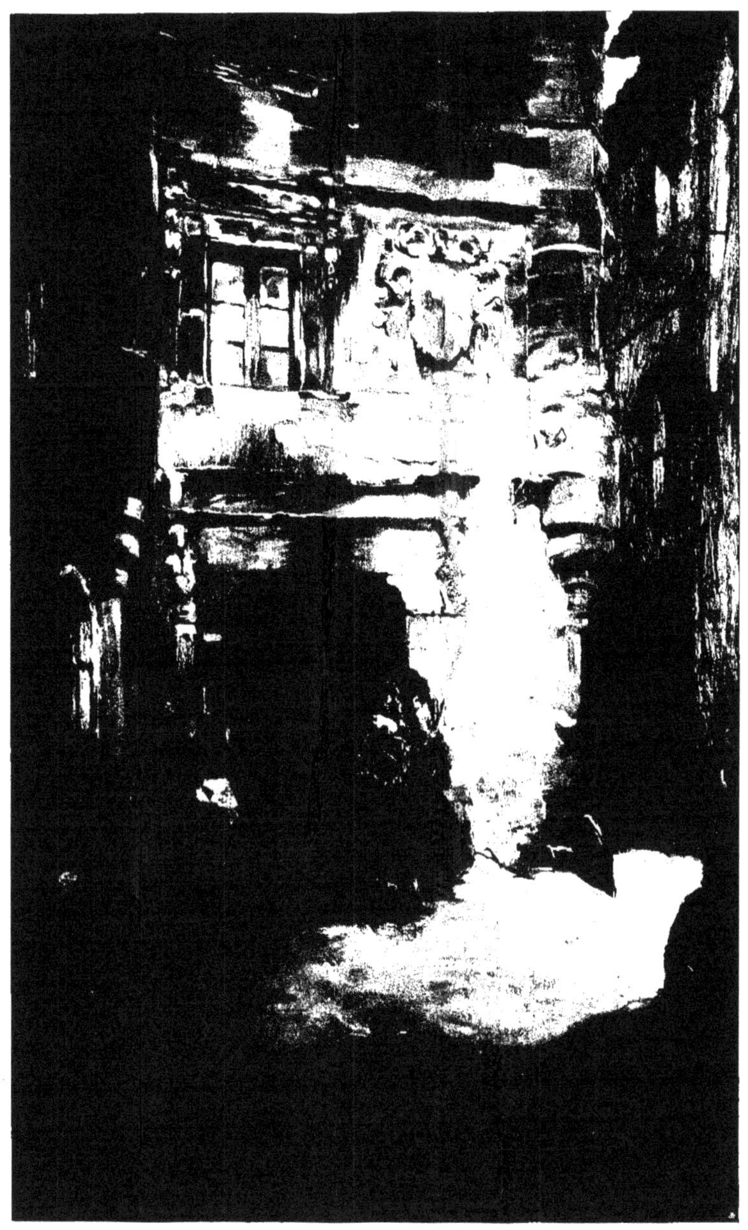

Cliché Vizzavona

VIEILLES MAISONS DE HARO — ALTE HÄUSER IN HARO — OLD BUILDINGS IN HARO

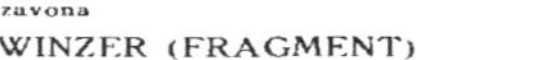

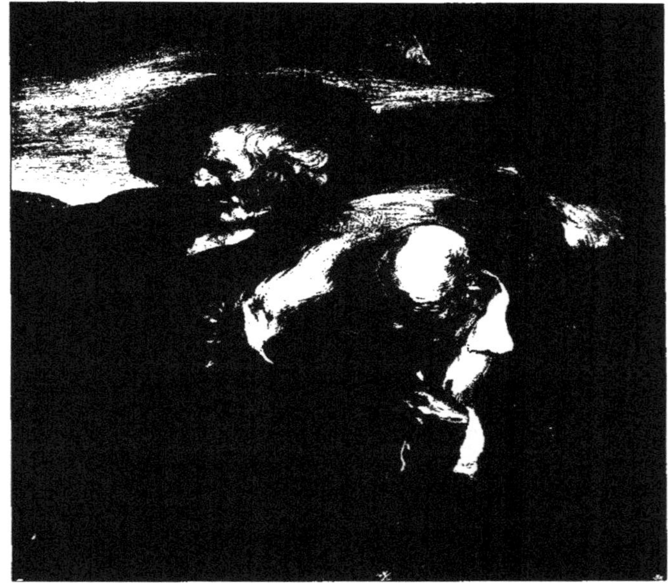

Cliché Vizzavona

VENDANGEURS (FRAGMENT) WINZER (FRAGMENT) VINTAGERS (FRAGMENT)

ruban au cou, de larges fleurs dans les cheveux, le peigne d'écaille enfoncé dans le chignon, les cheveux ébouriffés savamment, ombrant le haut du visage, aux blancheurs violacées de cold-cream et de poudre, la bouche saignante comme une grenade ouverte, la mouche piquée au coin des lèvres et, sous les sourcils épais, l'œil d'acier bruni, rieur, chaud et brillant. Ici, elle tire son bas sur sa jambe fine, coquetterie classique des Espagnoles; là, d'un dernier coup de houppe, elle a jeté un œil de poudre sur le duvet de ses joues, devant la table de toilette. Fière et joyeuse et disposée à l'attaque, elle est prête pour la plaza.

Elle s'avance rieuse, cette jolie Maja endimanchée, dans sa mantille de dentelle noire qui s'évase autour de son buste, maintenue haut par le peigne d'écaille, des fleurs vives dans ses cheveux noirs, l'éventail à la main, en sa robe d'indienne empesée, chamarrée de dessins à grandes marguerites; elle se dresse sur un fond austère de paysage ondulé, de paysage morne avec un grand ciel, comme si cette sorte de fleur brillante et artificielle était le produit paradoxal de ce sol infécond. Toutes ces femmes rient, sous leur mantille élégante, ou dans leurs cheveux mêlés de fleurs en couvre-oreilles, dans leurs jupes de soie bruissante ou sous leur châle bariolé de pagodes et de magots chinois. Toutes rient et rient presque toujours à pleine bouche. Mais quel rire? Elles rient pour faire voir leurs jolies dents blanches qui accusent le rouge des lèvres et répondent à l'émail des yeux. Elles rient d'un rire provocateur, rire qui est dans la tenue et le costume, rire de protocole féminin et non rire épanoui de jeunesse et de gaîté. Cela fait partie de l'équipement de guerre comme les fleurs, la mantille et l'albanico.

C'est que l'amour est la grande affaire de leur vie et l'amour dans cette vieille Espagne chevaleresque est resté un art savant et raffiné. C'est un art de coquetteries, de provocations, où il faut user de toutes ses armes. Les plus futiles détails de la toilette, les plus fugitives expressions de la physionomie, les moindres mouvements des attitudes sont employés au service de l'amour. Et les coiffures! Zuloaga semble avoir fait le recensement de toutes les formes les plus expressives. Elles sont d'une science consommée pour faire valoir le minois le plus chiffonné comme le visage le plus âpre et le plus dur de Gitane. Tantôt la mantille encapuchonne négligemment la tête, tantôt elle est posée très haut sur le chignon pointu et le peigne élevé comme une sorte de hennin qui couronne le visage en ombrant discrètement les joues. Ici, les chevelures de jais sont arrondies en bouffant sur le front, tantôt les cheveux s'érigent en masse légère et crépelée, ondulent sur les tempes en bandeaux brillants, avec des rubans nattés aux extrêmités, formant couvre-oreilles, comme si la Dame d'Elché, leur antique aïeule, avait présidé à leur toilette.

A côté de ces belles et élégantes citadines, de ces alertes et folles majas, ouvrières de fabrique, filles de faubourg, dans leurs

MERCEDES

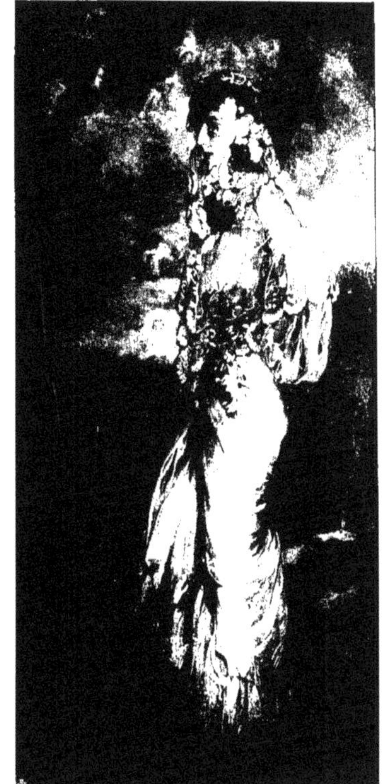

Cliché Vizzavona

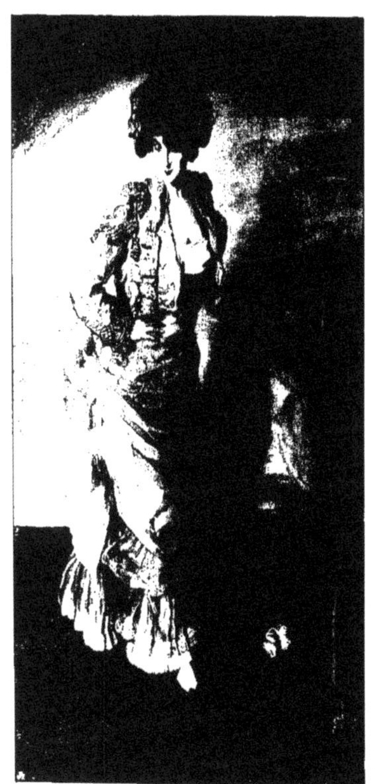

Cliché Vizzavona

PAULETTE LA DANSEUSE
DIE TÄNZERIN PAULETTE
PAULETTE THE DANCER

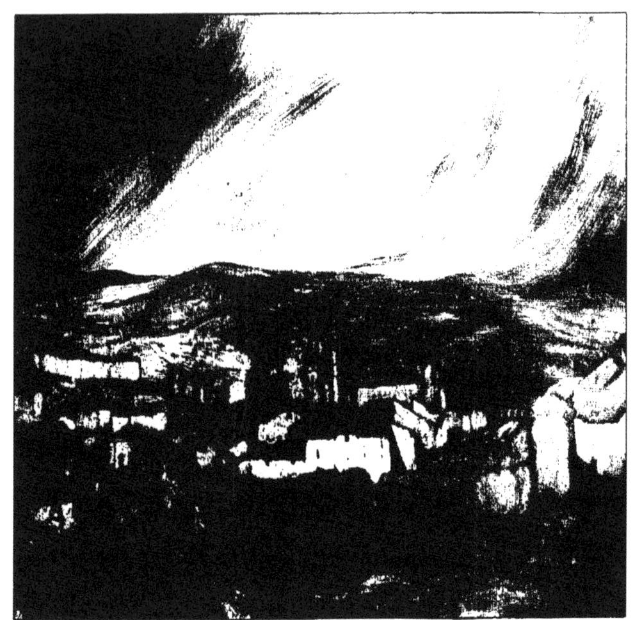

BURGOS Cliché Vizzavona

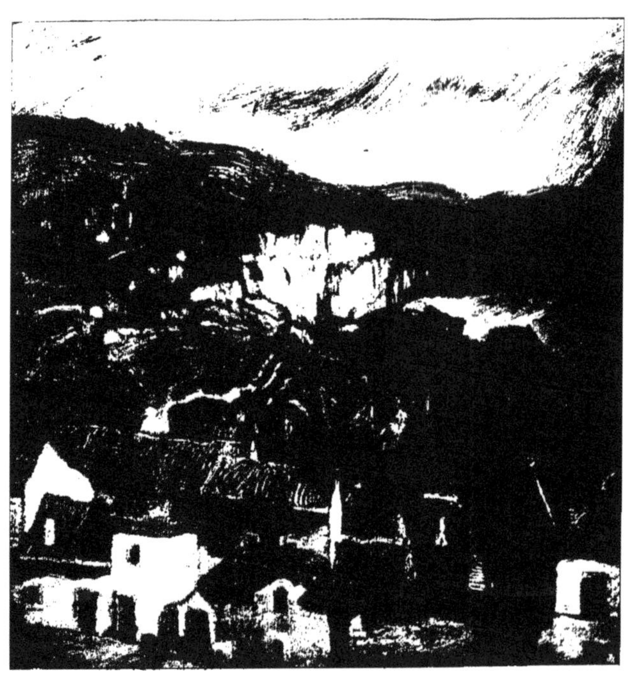

SEPULVEDA Cliché Vizzavona

ajustements de fête, près de ces gitanes sauvages aux dents blanches dans le teint de terre cuite ou de grès brûlé, aux narines ouvertes, aux yeux luisants de jeunes loups, dans cette atmosphère chaude et capiteuse, chargée d'odeurs de chair, de parfums violents et d'aromes de poudre de riz, un coin spécial a été réservé par Zuloaga à la femme nue. Le nu a attiré ce réaliste épris de la vie et par-dessus tout de la forme humaine, comme il avait attiré Velasquez et Goya. Le nu l'a pris par la fascination de cette matière vivante à nulle autre comparable et par l'harmonie onduleuse des formes corporelles. Il s'y est essayé maintes fois. Ici, à-demi, dans ces femmes de plaisir qui s'étirent dans leur Lassitude, le peignoir ouvert jusqu'au nombril, les seins remontés et le ventre tendu; là, dans cette figure debout devant un perchoir, au corps de chèvre, aux jambes minces, aux attaches d'une finesse exagérée, aux hanches incurvées avec cette cambrure qui est comme le signe distinctif de la race. Telle est encore cette étude de nu, acquise par la Galerie Nationale de Rome, étalant sur un fond de tenture de tonalité absinthe et sur un divan d'un jaune verdâtre, à-demi couvert d'un châle noir bariolé, le rose des chairs qui prend une intensité étrange au milieu de ces accords exaspérants. C'est un morceau particulièrement instructif par sa technique, rapide, nerveuse et sensible. Le modelé charmant de ce jeune corps, aux lignes sinueuses, très espagnol, est, en effet, enlevé presque tout en lumière avec un moelleux et une sveltesse de pinceau, mais sans manière, sur un dessous noir qui transparaît dans les parties ombrées légèrement effleurées par le travail.

Cet ensemble flatteur a, naturellement, sa contrepartie. Comment en serait-il autrement en Espagne? N'est-elle pas la terre paradoxale des contrastes et des contradictions? Côte à côte de la grâce, du charme, de la séduction, de tout ce qui s'appelle la Beauté, on rencontre la laideur, la hideur, la monstruosité et l'excentricité, tous ces aspects qui relèvent, eux aussi, de l'esthétique et dont l'intérêt se résume en ce mot: le „Caractère". Les races septentrionales n'offrent pas ces oppositions marquées avec autant de violence et d'étrangeté. En Espagne, la nature s'est plu à des créations extravagantes qui semblent le produit d'une imagination en délire. L'esprit du peuple, conforme aux lois du milieu, y a pris goût et, nulle part, on n'a vu plus de ces excentricités et de ces difformités accueillies et traduites avec autant de satisfaction par la peinture. Le génie de Cervantès n'a rien inventé qui soit au-dessus de la vérité en nous offrant, l'un des premiers le contraste inoubliable de la longue silhouette mélancolique du Chevalier de la Triste Figure, avec la joviale rondeur de son prosaïque écuyer.

Alors pourquoi ses compatriotes ou, du moins, la coterie académique qui régnait lors de ses débuts, a-t-elle fait à Zuloaga le reproche qu'il affectait de peindre non pas l'Espagne, mais la caricature de l'Espagne? Pourquoi ce reproche n'a-t-il pas

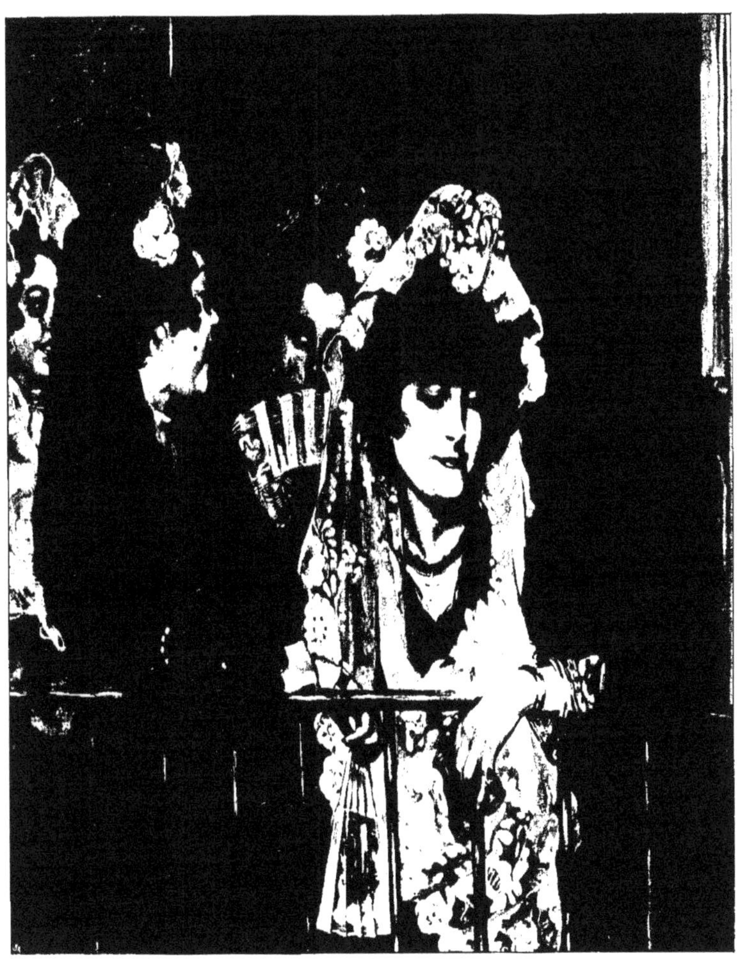

Cliché Vizzavona

ESPAGNOLES A LA COURSE DE TAUREAUX — SPANISH LADIES AT THE BULL-FIGHT

SPANIERINNEN BEIM STIERKAMPF

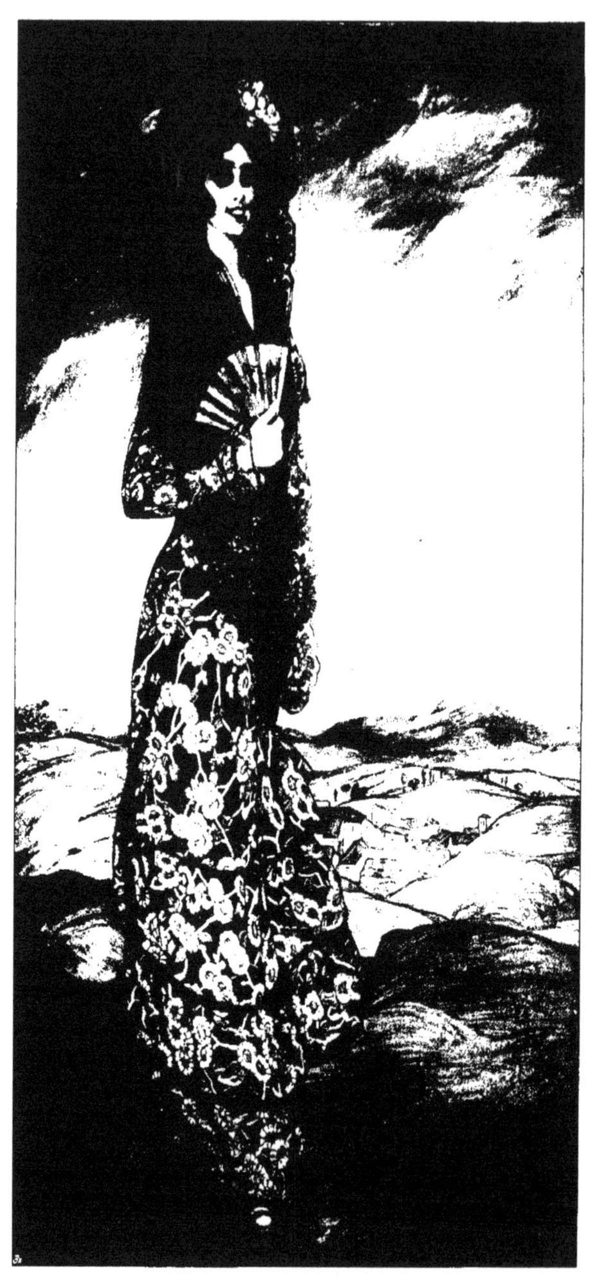

Cliché Vizzavona

LA DANSEUSE „LOLA LA GITANILLA" „LOLA LA GITANILLA" THE DANCER
DIE TÄNZERIN „LOLA LA GITANILLA"

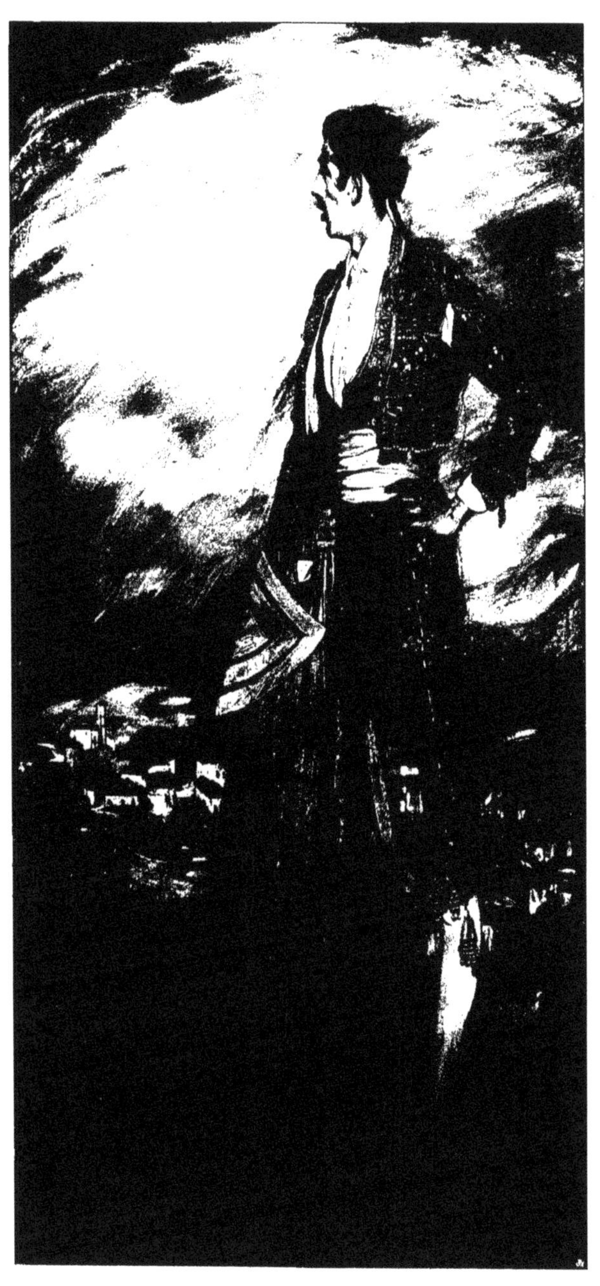

Cliché Vizzavona

LE MATADOR „EL CORCITO"

„EL CORCITO" THE MATADORE

DER MATADOR „EL CORCITO"

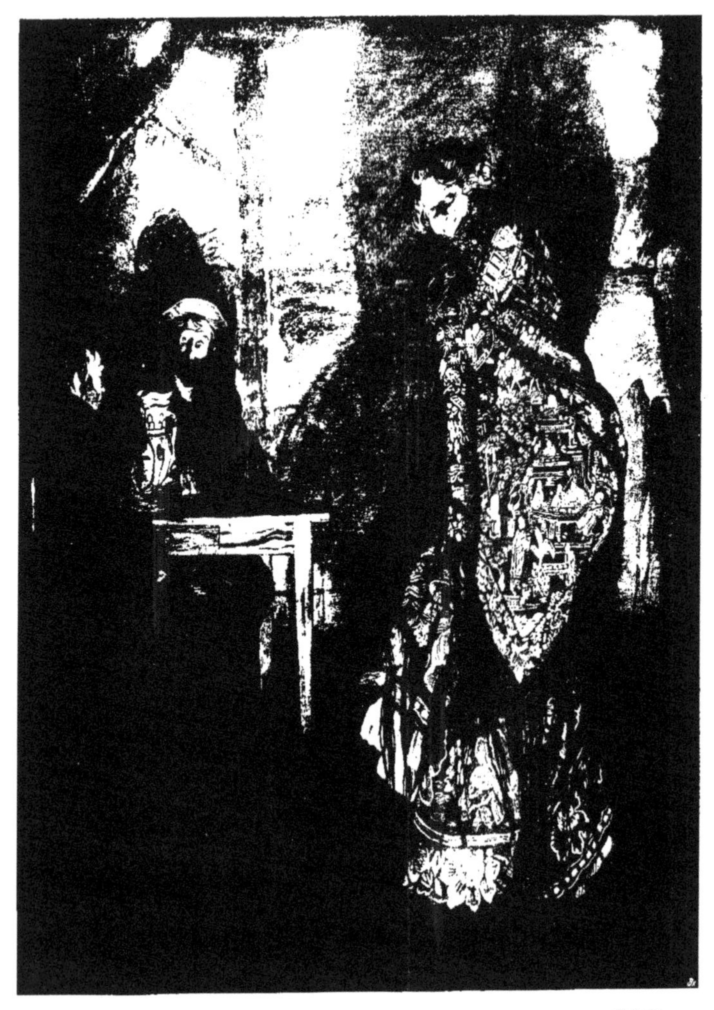

Cliché Vizzavona

LUCIENNE BRÉVAL DANS „CARMEN“ LUCIENNE BRÉVAL IN „CARMEN“

été adressé aussi aux grands maîtres du passé et à Cervantès lui-même ?

Cela tient à ce que ou bien les générations actuelles ont perdu le sentiment du vieux génie espagnol ou bien à ce que les esprits hostiles aux tendances de Zuloaga ont sorti gratuitement cette accusation parcequ'elle était facile pour écarter un talent qui gênait des réputations établies, mais élevées sur des bases moins solides. C'est probablement même pour les deux raisons à la fois.

Fidèle à la tradition nationale et à l'impulsion atavique, Zuloaga, indifférent, du reste, aux jappements des envieux et des sots, s'est attaché avec une sorte de volupté bizarre à retracer la singularité de certains de ces êtres qui semblent appartenir au monde du passé sinon à celui des songes et du cauchemar.

Les moins extraordinaires, en effet, de ce milieu fantastique sont tout au moins des figures d'un autre âge, que les mœurs ont fait disparaître, de longue date, de chez nous et qu'on ne retrouve plus guère qu'en Espagne et dans les pays, également excessifs en tout, de l'Islam. L'Italie, elle-même, depuis longtemps, n'en fournit plus aucun type ; elle s'est developpée pendant le cours du dernier demi-siècle avec une activité trop intensive dans le sens de la vie moderne.

A côté du peuple des mendiants et des pouilleux, orgueilleusement drapés dans leurs haillons, sordides, dédaigneux et superbes, chauffant leur glorieuse vermine au soleil, à côté des éclopés sans nombre qui étalent toutes les variétés de leurs plaies et de leurs difformités devant les porches des églises, il y a le monde des phénomènes et des excentriques: les nains, les géants, les bossus, les fous ou les maniaques; il y a aussi celui des originaux: les érémites, les pélerins, les poètes ruraux, les improvisateurs populaires, les musiciens ambulants, et aussi, à part, les vieilles entremetteuses et les sorcières; enfin toute une Cour des Miracles à lasser bientôt la verve trop française d'un Callot.

C'est, par exemple, le Nain d'Eibar, nain familier à l'enfance de Zuloaga, qu'il expose dès 1894, à son premier salon de Paris ce qui a pu servir de prétexte aux mauvaises volontés. Il y a la Naine, du musée du Luxembourg, Dona Mercedès avec ses larges yeux effrayés, son front bombé, ses joues pendantes de bouledogue, son nez camus et sa bouche triste, qui tient avec peine contre sa hanche, sur sa robe à fleurs, une boule de mercure comme un insigne d'une ironique royauté. N'est ce pas un type qu'on place par l'imagination à la cour d'un Philippe IV. ou qu'on voit en pensée dans quelque château enchanté de contes de fées? C'est le vieux pharmacien à tête simiesque de magot chinois, avec ses grandes lunettes rondes de corne; c'est l'ermite qui, sans appartenir à aucun ordre religieux, vit par vocation pour la solitude, au milieu des rochers, comme il vous souvient d'avoir lu dans les récits de Cervantes ou dans nos romans français à l'Espagnole du XVIIe siècle. C'est le poète du village, le port fier dans sa taille minuscule,

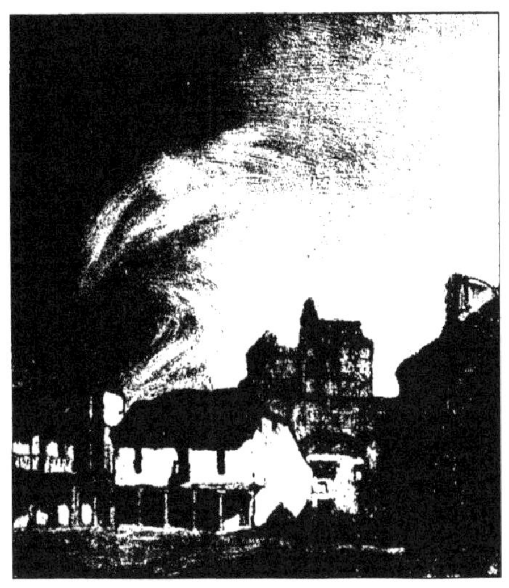

Cliché Vizzavona

LE CHÂTEAU DE TUREGANO (FRAGMENT)
DAS SCHLOSS TUREGANO (FRAGMENT)
THE CASTLE OF TUREGANO (FRAGMENT)

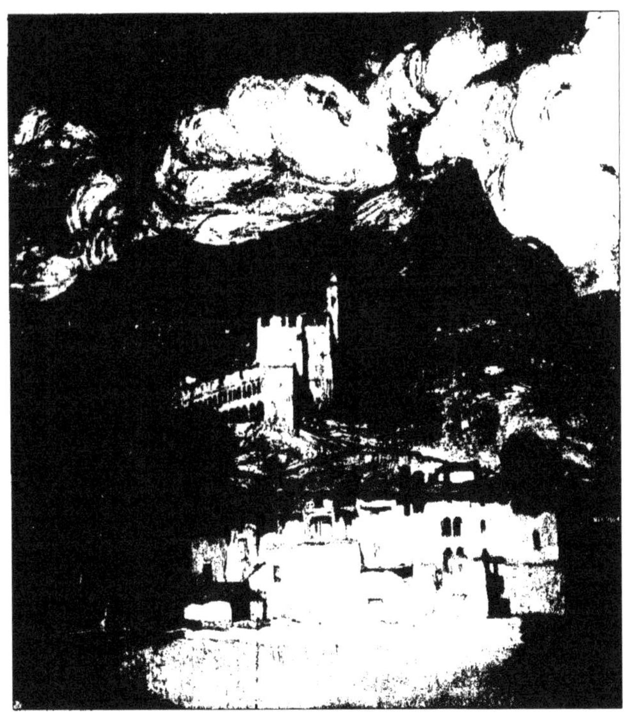

Cliché Vizzavona

LA VIRGEN DE LA PENA
DAS KLOSTER DER HEILIGEN JUNGFRAU AUF DEM FELSEN
THE MONASTERY OF OUR LADY OF THE ROCKS

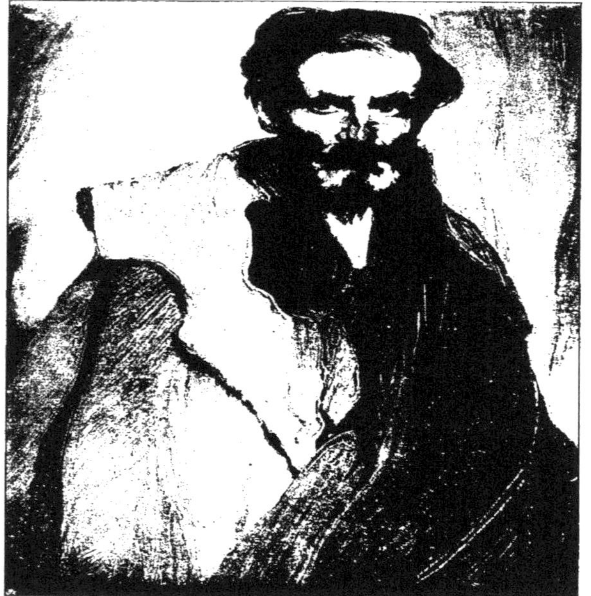

Cliché Vizzavona

LE PHILOSOPHE MELQUIADES
DER PHILOSOPH MELQUIADES
THE PHILOSOPHER MELQUIADES

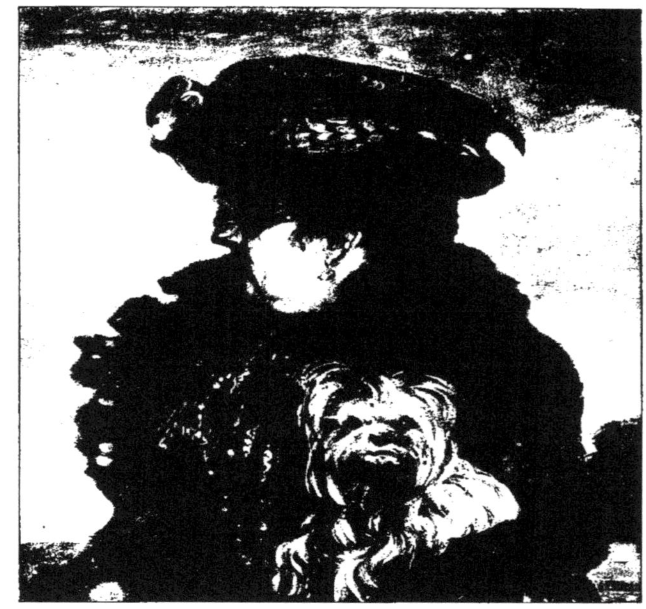

Cliche Vizzavona

TANTE LOUISE (FRAGMENT)
TANTE LOUISE (FRAGMENT)
AUNT LOUISE (FRAGMENT)

majestueusement drapé par les plis de son manteau, un long bâton dans sa main haute, qui s'avance, l'œil pétillant et malicieux, accompagné de paysans qui le suivent avec respect.

Vous vous demandez ce que fait ce groupe de sept vieilles mégères, debout, assises ou accroupies dans un coin de campagne déserte. L'une semble avoir pris les lunettes rondes du vieux pharmacien; sa voisine, debout, avec le plus affreux profil aigu, décharné et ratatiné de méchante fée, les cheveux tirés en arrière du crâne en un tortillon pointu, file une quenouille d'un air qui fait frissonner, car elle semble l'image de la Parque prête à rompre distraitement le fil de vos jours. Une autre vieille appuie sur un bâton son corps cassé et voûté; les deux vieilles de droite sont encapuchonnées sous leurs jupes retroussées. Au premier plan, il y en a encore une, assise, une grande lanterne à ses pieds, offrant un profil farouche de vieux bélier, tandis que près d'elle, la dernière nous fixe de face avec son visage pâle aux regards pleins de maléfices. Ces femmes, ce sont les Sorcières de San Millan qui échangent entre elles les résultats de leur œuvre diabolique.

Voici maintenant le nain Gregorio el Botero, Gregorio le vendeur d'outres. Ce doit être un ami de Zuloaga. Je suis sûr qu'il ne rencontre jamais sans un plaisir de peintre son horrible tête. Gregorio découpe ses formes massives sur un ciel sauvage, brossé avec violence, dans une campagne aux tons mornes d'ocre rouge, qu'occupent au loin, à droite, sur la hauteur, les remparts de la cité, dont les tours projettent successivement l'une vers l'autre leur ombre portée; vrai paysage farouche qui convient à ce personnage d'une farouche réalité.

Solide sur ses deux courtes jambes noyées dans un pantalon beaucoup trop large, il porte, sans fléchir, sur ses robustes épaules ses deux outres énormes en peau de vache, la chemise débraillée sur sa poitrine de taureau contrefait, une cruche de terre à la main gauche, aux phalanges nouées, l'œil injecté de petite bête mauvaise.

Nous la retrouvons un peu plus loin, cette physionomie aimable de Gregorio, dans une toile que Zuloaga appelle la Vieille Castille, sur le fond de Ségovie, qui monte en tapisserie extraordinaire jusqu'au ciel. Il se tient au premier plan à côté d'un personnage aussi singulier que lui, mais, au contraire, tout en longueur, vêtu d'une couverture rayée qui s'étale largement aux pieds pour finir en pyramide au cou étroit sur lequel est juchée une petite tête cocasse de vieux paysan madré, coiffée d'un large sombrero. Derrière lui, plus loin, est une femme, de profil, aussi longue et aussi raide. Mais notre nain est ici dans son costume de parade; par-dessus sa chemise rapiécée est jeté un long manteau traînant à terre qu'il relève de sa main droite, tandis que de la gauche il s'appuie sur une canne aussi solennellement qu'un évêque sur sa crosse, sa tête aux yeux blancs et louches coiffée en arrière, crânement, d'un large feutre.

A son tour son interlocuteur, l'immense et déguingandé Francesco

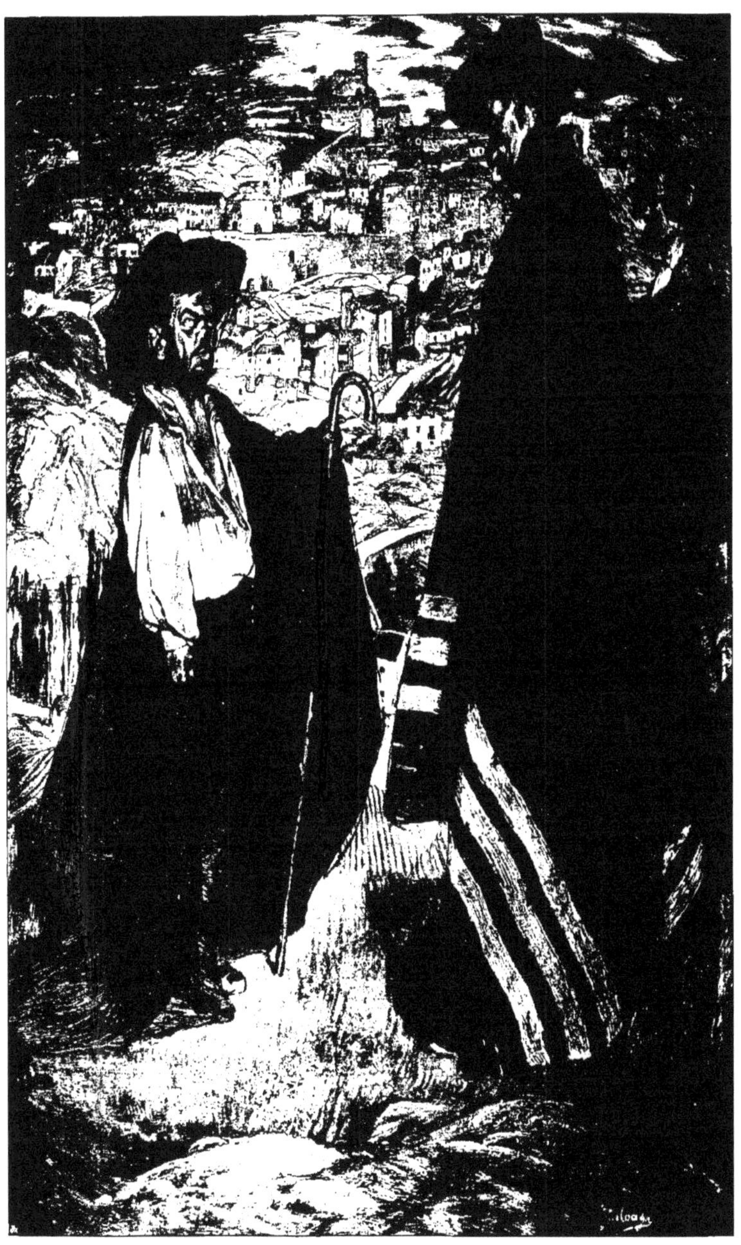

Cliché Vizzavona

LA VIEILLE CASTILLE DAS ALTE CASTILIEN THE OLD CASTILE

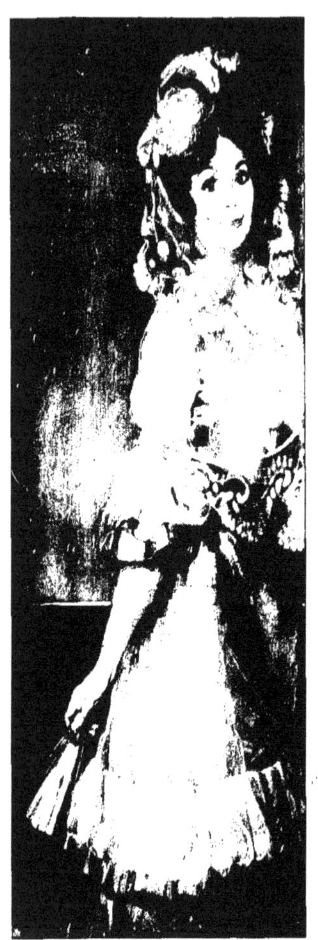

Cliché Vizzavona

CARMEN

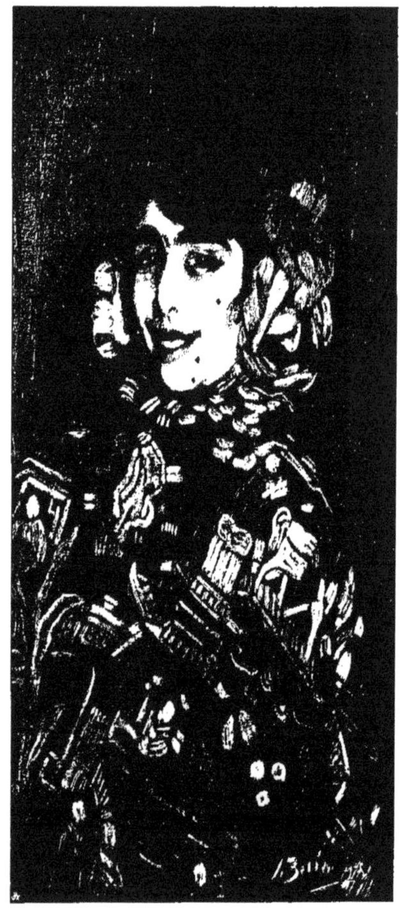

Cliché Vizzavona

COUSINE ESPERANZA

COUSIN ESPERANZA

occupe spécialement notre attention avec son austère compagne, en un caraco noir sur sa robe à bordure brun rouge. Il est appuyé sur un bâton, son chapeau à la main, sa tête un peu inclinée comme pour éviter le haut du cadre. Et sa digne et rigide épouse nous apparaît encore une fois dans un groupe de trois femmes: les Vieilles aux Rochers, qui nous intéresse de façon particulière. Cette toile. en effet, marque une modification essentielle dans la technique de Zuloaga, ou plus exactement dans son esthétique. Il ne conçoit plus le spectacle des êtres et des choses sous le même aspect. Précédemment, ainsi qu'on peut le constater d'une façon plus sensible dans certaines toiles, telles que tableau d'un vendangeur, portant une cruche et un panier, qui fait de l'œil à une jolie fille riant derrière son éventail, il cherche le relief, la ronde-bosse, dans un réalisme qui fait penser au Vélazques des Forgerons, de Los Borrachos, dans une plénitude qui a quelque chose de jordanesque. En cette nouvelle manière, il est moins préoccupé de la saillie des volumes. Bien qu'il ait toujours souci du modelé, il ne l'exprime plus autant par l'ombre. Les Vieilles aux Rochers, par exemple, sont presque modelées sans ombre. Mais l'arabesque de la composition est soigneusement cherchée; le dessin est très précis, très net, volontaire. Les cernures des montagnes, de l'horizon, des nuages, les moindres roches du premier plan, les stries du terrain de schistes brisés et mouvementés, tout cela est écrit avec fermeté et décision. Quant aux personnages, leurs traits et leurs costumes sont exécutés avec la minutie d'un primitif, jusque dans l'étude soignée et expressive, elle aussi, des plis des vêtements. Et ce travail n'est pas petit, pas mesquin, mais, au contraire, d'une impression grande et large, car, malgré tout, il n'a été retenu que l'essentiel, ce qui accentue et accuse la forme.

C'est serré, pénétrant, aigu par le dessin. C'est aigu aussi par les harmonies très singulières. Ce sont des accords de verts; car tout est vert, semble-t-il: vert mousse et vert pistache des robes, verts plus sombres ou plus gris du paysages, suivant les plans. Les maisons lointaines de la ville sont elles-mêmes dans une atmosphère verte. Il n'y a de bleu que dans le ciel, soutenu par les bas de la vieille qui est debout et quelques vagues bleutés dans les fonds; il n'y a d'autre ton qu'une sorte de brun orangé dans la bordure et le passe-poil des robes, rappelé discrètement, dans le paysage, sur quelques fabriques; que le ton de chair des deux figures visibles de vieilles, ou le brun violacé du sol ardoisé.

Cette manière nouvelle n'a pas été, d'abord, sans surprendre. Mais s'il répugne aux exagérations qui dénaturent le vrai caractère, et aux déformations qui affectent les faux airs du style, Zuloaga n'a jamais eu peur d'aller jusqu'au bout de l'expression de sa vision ou de sa pensée. Or, ce mode récent d'interprétation lui permettait peut-être d'aller plus loin dans la traduction de tout ce pittoresque prodigieux de l'Espagne. Aussi en use-t-il pour exprimer avec un accent plus résolument synthétique et même symbolique, ce goût mystique du sang qui travaille les foules espagnoles et se résume dans la passion effrénée du cirque et dans cette hystérie religieuse, par laquelle on explique toutes les férocités passées de l'Eglise et le réalisme effroyable de l'art religieux.

Zuloaga est trop espagnol pour ne pas partager jusqu'à un certain point le sentiment de ses compatriotes à l'égard des courses de taureaux; il est trop peintre aussi pour résister au moins à fixer ce type humain, un peu inquiétant, si intéressant physiquement, toutefois du torero, mince, élancé, aux muscles nerveux et élastiques, grand favori des multitudes qui l'idolâtrent comme les foules romaines idolâtraient leurs gladiateurs. Zuloaga a donc peint quelques physionomies de toreros cambrés, la main sur la hanche, la bouche dédaigneuse, l'œil hautain enfoncé sous l'orbite dans leur visage pâle et osseux. Et comme, ainsi que tous les bons peintres, il adore peindre la nature morte, il pouvait s'en donner à cœur joie, ici pour les vêtements des femmes, avec tous les satins, les paillettes, les galons et les passementeries de leurs costumes. Mais il est aussi trop conscient, il voit de trop haut et de trop loin pour ne pas éprouver par instant l'épouvante de sauvagerie de la populace et il laisse percer ce sentiment en une sorte de vision synthétique et sinistre: le Picador, à cheval sur sa rosse efflanquée, couverte de sang, qui se cabre, comme dans un dernier effort d'agonie, sur un ciel de soir orageux.

Quant à la religion, cette religion qui règne par l'effroi, par la terreur, qui crée par ces excitants malsains, le besoin d'émotions fortes, la religion qui a dressé dans les églises, comme à Burgos, les crucifiés lamentables, étalant leurs plaies ainsi que les mendiants à la porte des cathédrales, le corps lacéré, déchiré, saignant et palpitant de douleur dans un décor de papier doré, de plâtre peint et d'architecture contournée, cette religion réaliste et mystique qui touche à l'amour par l'exaltation et la cruauté, Zuloaga ne l'a-t-il pas, à son tour, fidèlement interprétée?

Est-ce bien espagnol, cette figure de jeune fille provocante, en corsage de satin et de gaze, une fleur dans le chignon, les cheveux en crochets sur les pommettes, deux mouches piquées, l'une sur la joue gauche, l'autre au-dessus des lèvres purpurines, les yeux tellement tournés de côté dans son regard félin, qu'ils semblent divisés en deux zônes, brune et blanche, et luisent comme des yeux de chatte amoureuse; elle guette sa proie, à côté du torse sanglant d'un Christ en croix, la tête penchée, le visage sillonné de rigoles de sang, le sein percé d'une large plaie qui ruisselle. Les Flagellants, en cette dernière manière de Zuloaga, cernée, rigoureuse, où les verts dominent dans les harmonies savantes et raffinées, sont encore bien plus expressifs de ce caractère religieux.

La réalité, ici, prend je ne sais quel aspect fantastique, car la réalité de la vie se mêle au réalisme de l'art d'une manière troublante et voulue. Un Christ aux bras étendus et rigides, le corps

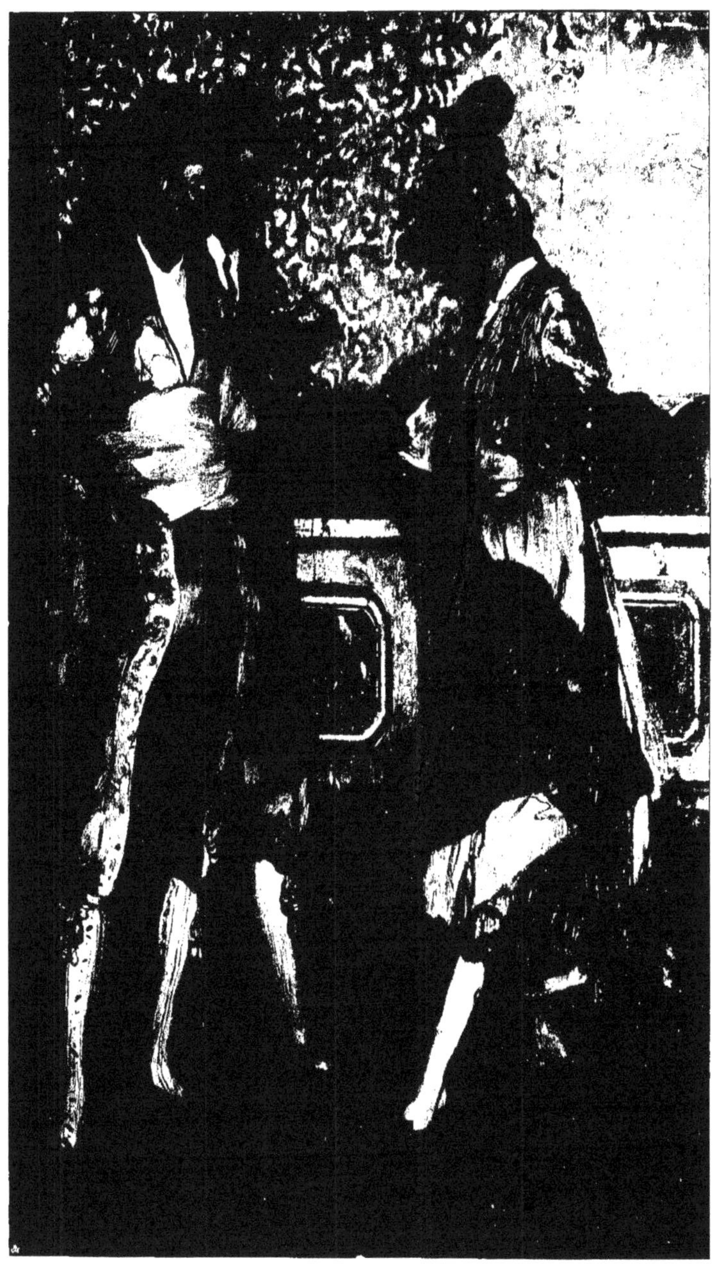

Cliché Vizzavona

TORÉADORS DE VILLAGE DORF-STIERKÄMPFER VILLAGE BULL-FIGHTERS

Cliché Vizzavona

PÉLERIN ESPAGNOL — SPANISH PILGRIM

SPANISCHER PILGER

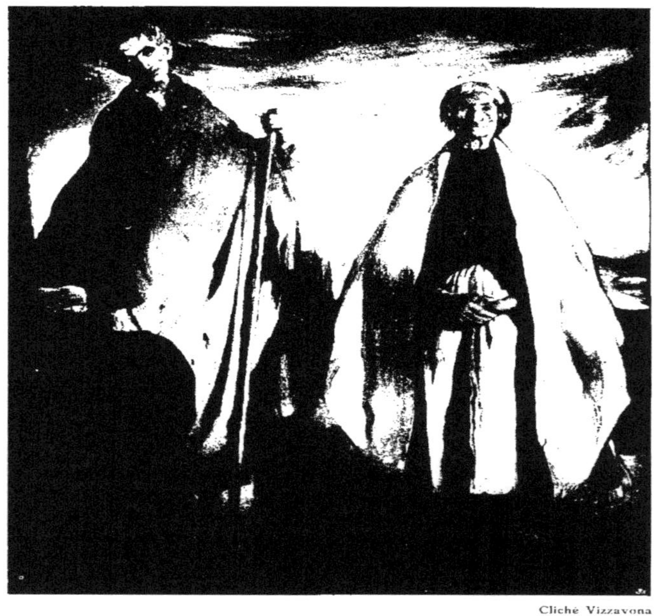

Cliché Vizzavona

FRANCISCO ET SA FEMME — FRANCISCO AND HIS WIFE

FRANCISCO MIT SEINER FRAU

tordu dans l'agonie et tout couvert de maculatures sanglantes, est détaché de sa croix et penche, vers le sol, suspendu seulement par une corde au poignet droit. Contre cette image lamentable, dont on ne sait pas si elle est un cadavre réel ou un simulacre religieux, tant le sculpteur espagnol primitif a amassé en elle les horreurs de la vérité, deux pénitents se flagellent à tour de bras, sur leurs torses nus, l'un, en avant, le visage masqué d'une cagoule blanche, l'autre, en arrière, les yeux au ciel, priant avec ferveur. Tout autour des acteurs de cette scène farouche, nous retrouvons nos vieilles femmes au visage émacié, dans leurs robes vertes à liseré rouge, groupe augmenté d'une jeune femme, un enfant au bras et d'un prêtre en pallium mortuaire, les yeux baissés et les mains jointes, tous figurant sur le même paysage familier de Ségovie, fantastique et décoratif, tout en hauteur, noyé de vert avec ses rochers violacés et fermant le fond comme une tapisserie.

Jusqu'ici Zuloaga ne nous paraît guère s'être intéressé directement qu'à l'homme. La figure humaine, par sa forme ou son caractère expressif par tout ce qu'elle offre d'attraits pour un artiste, soit par la beauté, le charme, la grâce, soit par la singularité, l'intensité ou même la violence de l'accent pittoresque et l'inattendu, semble tenter exclusivement son pinceau. Que pense-t-il de ce que nous appelons la nature, de cet univers qui nous environne où, pour les uns, nous ne comptons que comme un humble élément; qui, pour les autres, constitue simplement le décor prédestiné de nos actes?

Zuloaga, je l'ai dit, si réaliste qu'il soit, n'est pas un naturaliste. Il ne s'intéresse que très subjectivement aux choses du dehors. Il n'est pas, à proprement parler, un paysagiste. Cependant, il a peint des paysages et, chose curieuse, c'est dans le paysage qu'il se montre le plus subjectif, qu'il apporte le plus de lui-même. Les uns, nous l'avons vu, figurent dans ses tableaux comme accompagnement expressif à ses sujets humains, mais il en a exécuté aussi quelques autres, si non pour eux-mêmes, du moins pour ce qu'il en pouvait tirer d'impression pittoresque ou d'émotion artistique.

Avila, Burgos, Salamanque, Ségovie, ses paysages peuvent bien porter des noms de ville et se rapporter exactement à des lieux déterminés. Mais ce sont plutôt des paysages de rêve et de cauchemar. C'est une nature qui se présente avec l'aspect farouche que nous trouvons dans l'Orient de Decamps, mais elle est moins pittoresque, plus sauvage encore, plus dépouillée d'artifice. C'est un monde vu, dirait-on, au milieu de la nuit opaque, à travers la lueur brusque d'un éclair. Ou encore des villes lunaires, comme dévastées par quelque cataclysme ou brûlées par un ouragan de feu; des cités vieilles, mornes, désolées pour l'éternité, sous le ciel qui semble, seul, vivre d'une sorte de vie dévorante, dans un bleu profond, intense où montent de lourds nuages blancs ballonnés.

Par ci, par là, on aperçoit bien quelques coins de place aux

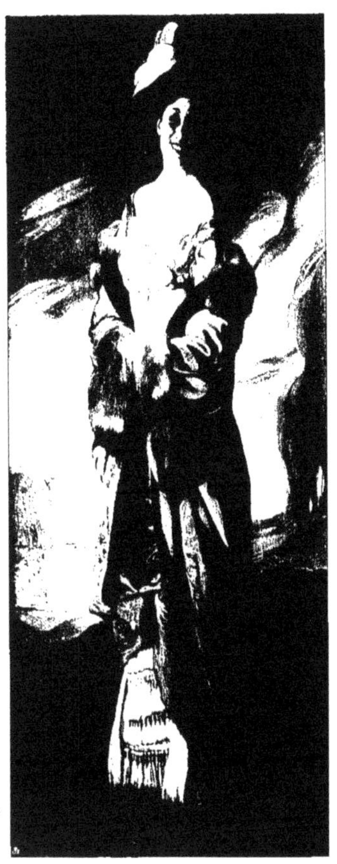

MELLE MADELEINE PICARD

FRÄULEIN MADELEINE PICARD

MISS MADELEINE PICARD

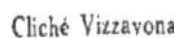

Cliché Vizzavona

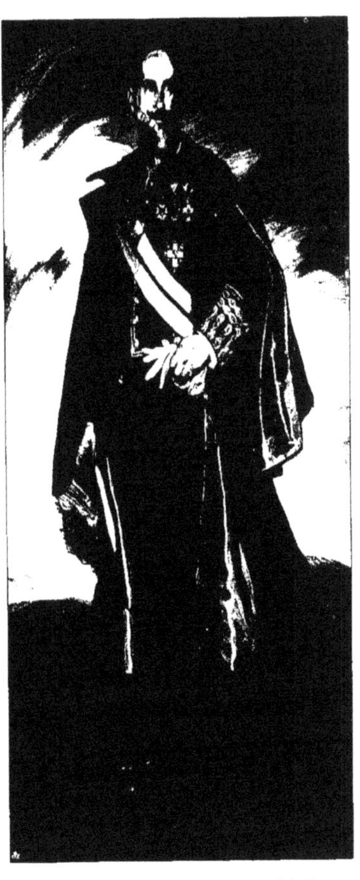

Cliché Vizzavona

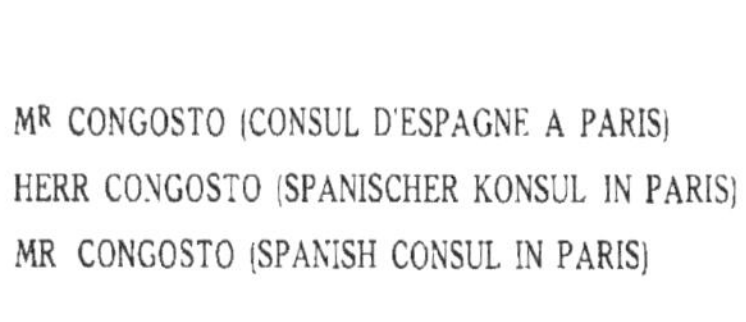

MR CONGOSTO (CONSUL D'ESPAGNE A PARIS)

HERR CONGOSTO (SPANISCHER KONSUL IN PARIS)

MR CONGOSTO (SPANISH CONSUL IN PARIS)

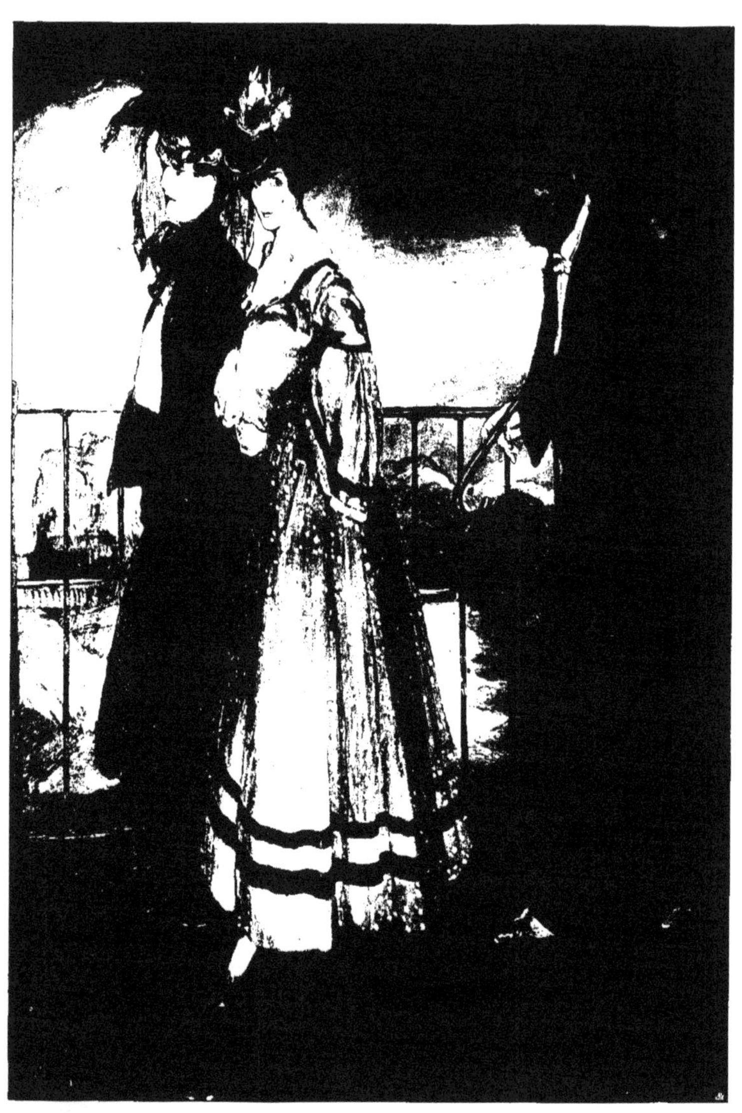

Cliché Vizzavona

LE VIEUX MARCHEUR — DER ALTE SCHWERENÖTER — THE OLD WOMEN'S-ADMIRER

vieilles maisons ruinées et armoriées, aux porches entrouverts d'où sortent, dans l'ombre mystérieuse, quelques fantômes non moins mystérieux de jeunes femmes en mantille, l'éventail à la main, en quête, sans doute, d'aventures d'amour. Mais l'être humain anime rarement cette nature morose, torride et figée. Tout au plus, distingue-t-on, aux pieds des remparts d'une de ces villes, un groupe énigmatique de cavaliers et de piétons, qui semblent se concerter, au milieu de cette solitude infernale, comme pour quelque diabolique machination. Partout c'est le désert, le silence, comme dans la torpeur morne d'un midi accablant qui aurait refoulé au fond de leurs bouges ou de leurs tanières toutes les créatures vivantes.

Ici, c'est une vieille, très vieille ville, avec tout son passé très lointain, ses remparts et ses églises, une ville où on n'a fait que prier et que se battre, où la guerre avait sans doute une férocité mystique et la religion un mysticisme cruel; une vieille ville lugubre, avec une porte noire sous sa voûte sombre, d'où part un chemin qui ne doit mener nulle part, une ville que balaye, dans un ciel bleu d'une intensité folle, un souffle ardent de sirocco. Cette vision dantesque s'appelle Burgos. — Croyons-en Zuloaga!

Et ce dernier paysage est-il moins sauvage dans son vide et dans sa tristesse? C'est une église, une église assurément, car on distingue des contreforts et une tour octogonale qui paraît être un clocher, mais c'est une église sans jour et sans fenêtres, où le silence seul doit remplir les ténèbres. Et c'est, à côté, un couvent, sans doute, un couvent où ne doivent plus errer que des ombres de moines, que des fantômes qui sortent la nuit. C'est vu avec l'exaltation du délire et il n'est pas jusqu'à l'exécution, très sommaire, à la toile rugueuse où la brosse brutale laisse des grumeaux de couleur, qui ne contribue à cette impression ardente et farouche.

Si l'on pense à la date du premier tableau qui commença à mettre Zuloaga en évidence, à la date de ce portrait de lui-même qu'il exposait au Salon de 1898, on est stupéfait de la somme de travail accompli au cours de ces douze ou treize années. A quarante-et un ans, l'artiste a déjà produit ce qui eût pu remplir la carrière d'un autre. Et ce qu'il y a de remarquable dans cette œuvre, c'est, malgré la diversité des sujets, des milieux où il a travaillé, malgré les variations inévitables de sa manière, c'est l'impression de forte unité qui s'en dégage, l'énergie avec laquelle est accusée sa personnalité. L'impression dernière et définitive qu'on garde de l'examen de cette œuvre, c'est que Zuloaga est avant tout ce qu'on appelle un peintre et que, en particulier, il est essentiellement un peintre espagnol.

Il est peintre dans toute l'acception du mot. Attentif et refléchi, malgré l'état d'exaltation continue de son imagination, il regarde, il contemple, il voit, mais tout droit, d'emblée et sans effort. Rien n'échappe à son regard clairvoyant ni à son esprit perspicace. Il observe tout le temps et le monde est pour lui comme un prodigieux et inépuisable magasin de modèles. Il semble s'amuser énormément à voir défiler devant son œil tour à tour souriant et grave la variété infinie des physionomies humaines. Quelle extraordinaire comédie ou plutôt quels extraordinaires acteurs! Car la scène ne le touche pas, non plus que l'action, bouffonne ou tragique. Il ne s'intéresse qu'aux personnages. Il les considère sans parti-pris, sans idée préconçue, sans rappels des souvenirs, tout à fait objectivement. Il n'a pas en lui un type préféré qu'il cherche, plus ou moins malgré soi, à retrouver dans la vie-ce qui est le cas de tant d'artistes-ou qui s'interpose entre ses modèles et lui. Chaque type nouveau lui cause des sensations nouvelles; il perçoit immédiatement les caractères qui servent à le définir, comme s'il ne les avait jamais constatés ailleurs, comme s'il les notait pour la première fois. Ainsi dans la parenté du talent qui les unit en une sorte de famille commune, chacun garde-t-il, d'une façon saisissante sa physionomie originale. C'est là une vertu propre au portraitiste, et Zuloaga, j'y reviens, n'est il pas un portraitiste, bien qu'un portraitiste de types, de caractères généraux?

Il possède en propre un don précieux, un don qu'il tient de son naturel et du tempérament de sa race: c'est ce grossissement étrange de son œil d'enfant qui exalte tout ce qui l'intéresse. Cette faculté rare de grandissement involontaire, qui est le privilège des grands réalistes, a préservé Zuloaga, comme ses illustres devanciers, de l'étroitesse littérale de l'observation tout objective et l'a conduit aux simplifications nécessaires du style.

Ce qu'il y a d'admirable chez lui, c'est qu'il n'y a jamais rien de douteux, rien de louche ou d'incertain soit dans le ton, soit dans la forme. Il procède avec une audace tranquille et une sûreté incomparable. Le moindre détail est l'indice de cette science si bien possédée qu'elle ne pense pas à elle-même. Prenons un seul exemple. Considérez le dessin des mains dans leurs poses si diverses et leurs raccourcis parfois si imprévus. On sait ce qu'il est difficile de mettre en place cet instrument mobile avec le jeu de ses cinq petites baguettes articulées. Il n'y a pas, chez Zuloaga, une main qui n'ait sa forme assurée, son geste expressif, sans jamais une gaucherie, sans jamais le moindre embarras.

Comme praticien, cet exécutant consommé se garde bien de faire parade de son habileté. Mais il apporte un souci extrême à son travail de peintre. Il attache un grand prix à la bonne fabrication des couleurs, il est soucieux du choix des tons, de la qualité de leur composition, de leur distinction ainsi que des effets de leurs rapprochements. Sa palette est toujours singulière et personnelle, ses accords, rares et sympathiques. Comme tous les vrais peintres, d'ailleurs, il fuit les mélanges troubles. Chez lui, pas de demi-teintes équivoques, de „passages" subtils. Le modelé est toujours simplement exprimé par les oppositions d'ombre et de lumière ou indiqué, dans l'unité du ton, par le travail du pinceau.

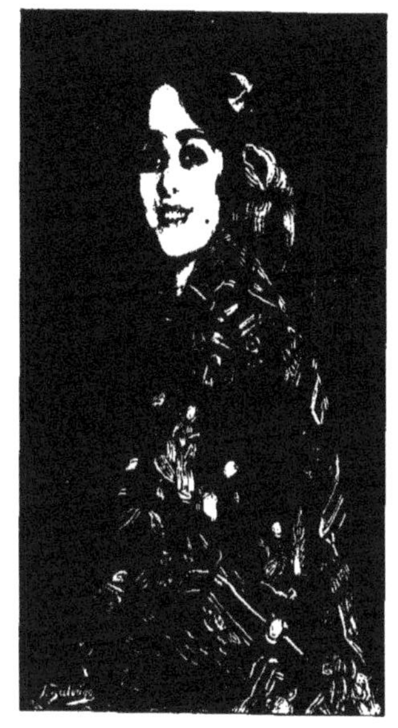

'Cliché Vizzavona

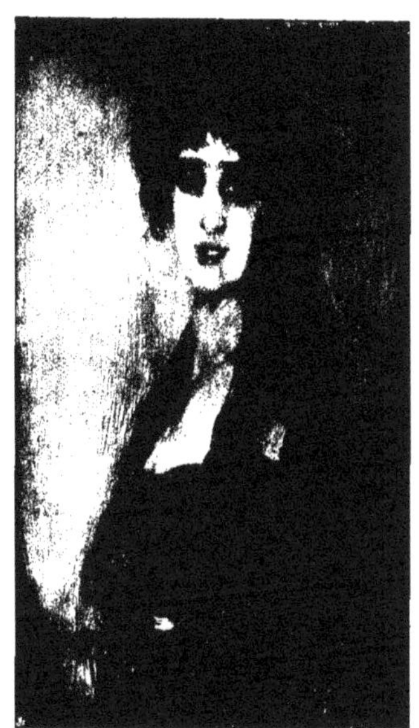

Cliché Vizzavona

COUSINE CANDIDA
COUSIN CANDIDA

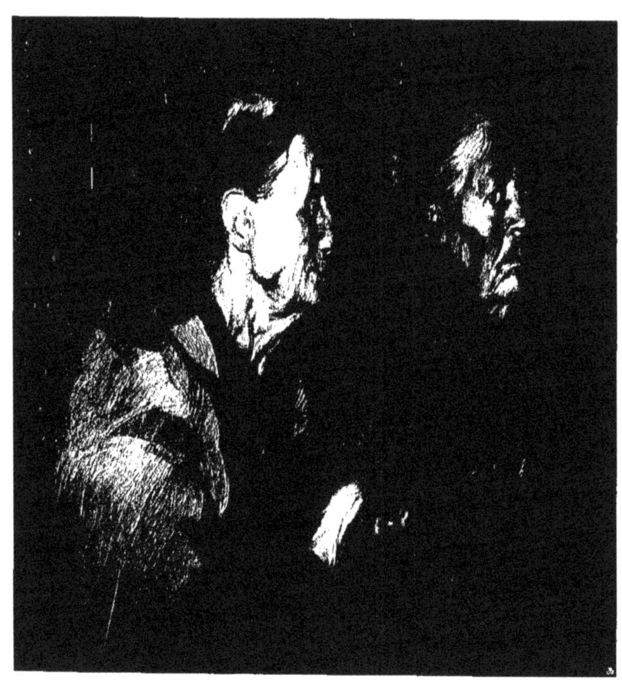

Cliché Vizzavona

LES SORCIÈRES DE SAN MILLAN (FRAGMENT)
DIE HEXEN VON SAN MILLAN (FRAGMENT)
THE SORCERESSES OF SAN MILLAN (FRAGMENT)

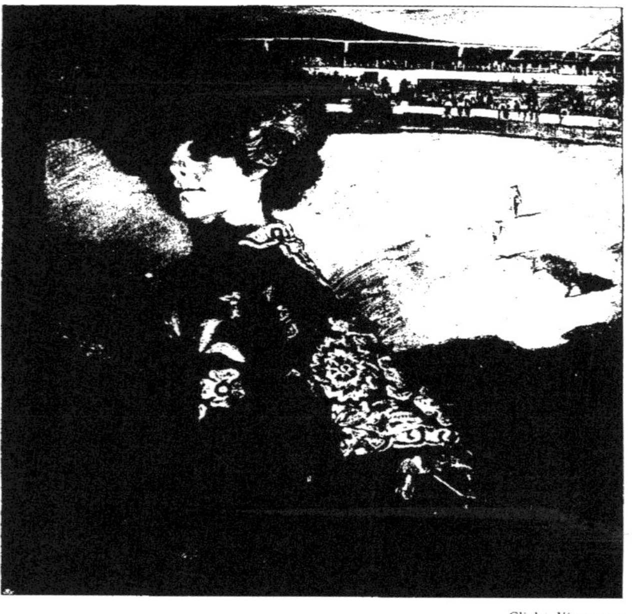

Cliche Vizzavona

A LA COURSE DE TAUREAUX — AT THE BULL-FIGHT

BEIM STIERGEFECHT

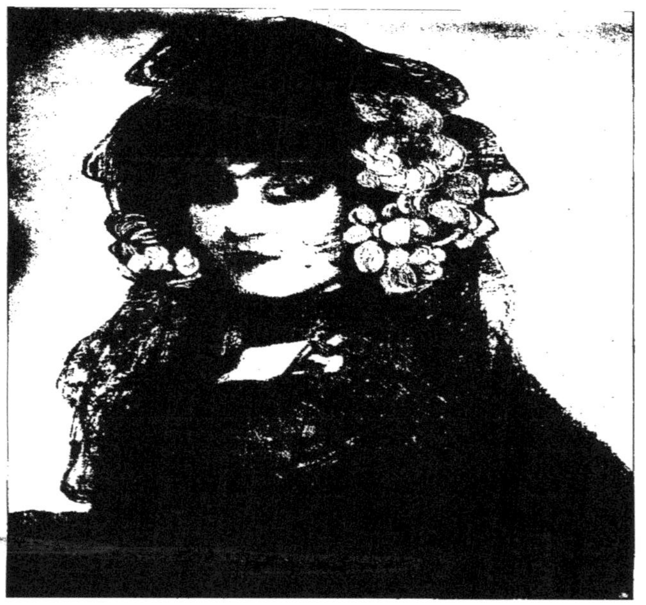

Cliche Vizzavona

COUSINE CANDIDA (FRAGMENT)

COUSIN CANDIDA (FRAGMENT)

Il n'est, du reste, jamais aussi content que lorsqu'il peut étaler sa matière dans la belle unité d'un large ton local.

Sa technique proprement dite est variée, surtout si l'on compare le dessin précis et les grands à plats de ses derniers travaux aux modelés en saillie de sa manière antérieure. Il peint parfois avec une sorte d'écriture cursive, dans la pâte, écriture nerveuse, hachée, rapide et spontanée comme s'il se servait du pinceau ainsi que d'un crayon. Parfois il procède par plans successifs, un peu en décor et toujours avec verve, et s'il est permis d'associer ces termes, avec une sorte de fougue prudente et d'emportement contenu. L'exécution de la nature morte, en particulier, est traitée avec une extrême simplicité, toujours dans le ton local éclairé dans la lumière. C'est la manière des grands Espagnols et aussi des grands réalistes français, à ne citer que David et Ingres. Il s'amuse, on le voit, avec un vrai plaisir de décorateur, à dessiner du bout de la brosse, d'un trait vif, les enluminures brodées des châles en crêpe de Chine de ses Majas et de ses Gitanes. Et quant à ses fonds, il les couvre rageusement avec de larges brosses qui laissent dans la couleur les stries des poils rudes, avec des effets de „sgraffitti."

Telle est, à notre sens, la physionomie de Zuloaga. Nous voudrions que ce portrait „à la française" d'un admirateur et d'un ami, ne parût point trop éloigné de l'original. L'artiste ne nous contredira pourtant pas lui même, de l'avoir qualifié hautement de „peintre" et de peintre d'Espagne, puisque la peinture et l'exaltation des caractères de sa race sont l'objet exclusif de ses prédilections intellectuelles. Il réunit les qualités, en apparence opposées, dont l'association est le propre des maîtres: le „don" et „l'acquis", c'est-à-dire l'instinct et la culture, la spontanéité et la méthode, l'esprit d'indépendance et la soumission à une discipline librement imposée. Si jeune que soit encore Zuloaga, sans attendre ce que nous réserve l'avenir, et ne peut-on lui attribuer, sans louanges exagérées ou embarrassantes pour sa modestie, ce titre de maître, même en face des grands aïeux: Goya, Vélazques et surtout du vieux Greco, un peu exclusivement honoré en ce jour? Ignacio Zuloaga est bien sûzement leur digne héritier et le continuateur reconnu de la lignée des grands classiques Espagnols.

Léonce Bénédite.

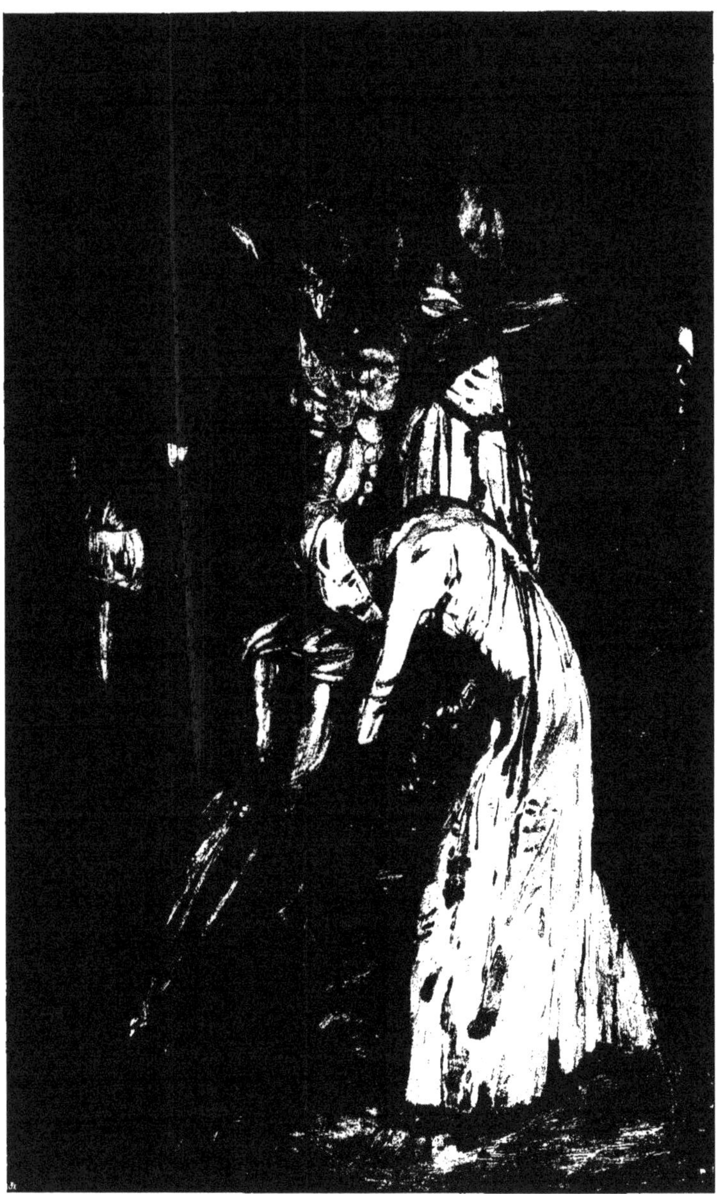

Cliché Vizzavona

LES FLAGELLANTS — DIE FLAGELLANTEN — THE SCOURGERS

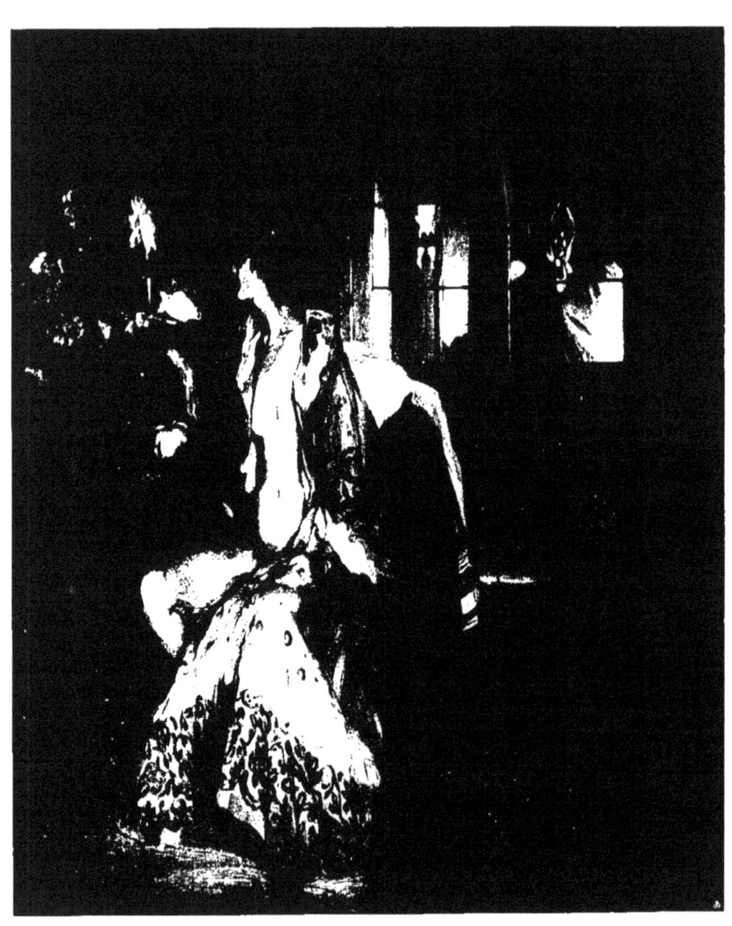

Cliché Vizzavona

CELESTINA

TABLE DES MATIÈRES

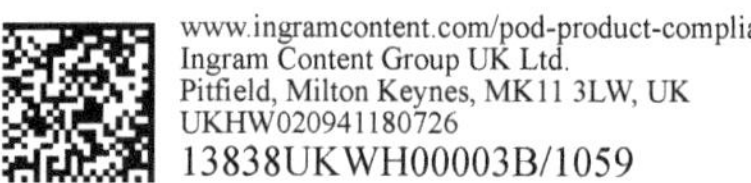
www.ingramcontent.com/pod-product-compliance
Ingram Content Group UK Ltd.
Pitfield, Milton Keynes, MK11 3LW, UK
UKHW020941180726
13838UKWH00003B/1059